BLV ANGEL PRAXIS

W0336401

BLV ANGEL PRAXIS

Günter Leibig

Einfach Angeln

Kleiner Aufwand – große Fänge

blv

Impressum

Bibliographische Information der Deutschen Bibliothek

Die Deutsche Bibliothek verzeichnet diese Publikation in der Deutschen Nationalbibliographie; detaillierte bibliographische Daten sind im Internet über http://dnb.ddb.de abrufbar.

BLV Buchverlag GmbH & Co. KG
80797 München

BLV Angelpraxis

Bildnachweis:
H. Eiber: 2/3
H. Geck: 7, 9, 30, 33, 41, 59, 70, 74, 75, 77, 84o, 91
G. Seilmeier: 62
H. Stemmer: 29, 36, 37o, 87
alle übrigen Fotos vom Verfasser

Grafiken: H. Eiber S. 48 (aus »Angelknoten und Vorfachmontagen«)

Umschlaggestaltung: Anja Masuch, München
Titel- und Rückseitenfoto: Günter Leibig
Lektorat: Gerhard Seilmeier
Herstellung: Ruth Bost
Layoutkonzept Innenteil: Gaby Herbrecht, Mindelheim
Layout und Satz: Uhl + Massopust, Aalen

Gedruckt auf chlorfrei gebleichtem Papier

Printed in Italy
ISBN-10: 3-8354-0050-9
ISBN-13: 978-3-8354-0050-4

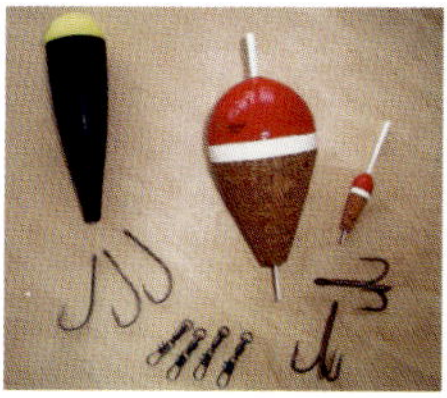

Natur aktiv erleben

Das Angebot von Freizeitbeschäftigungen ist heute fast unüberschaubar angewachsen. Und es kommen immer noch mehr neue »Funsportarten«, insbesondere aus den Vereinigten Staaten hinzu, die besonders junge Menschen ansprechen. Aber leider bleibt bei all den Hobbies, die in der freien Natur ausgeübt werden, das direkte Erleben unserer schönen Natur sehr häufig eine kaum beachtete Nebensache.
Als langjähriger Jugendgruppenleiter glaube ich, dass das aktive Erleben unserer heimischen Natur eine wesentliche Rolle zur charakterstarken Persönlichkeitsentwicklung junger Menschen beitragen kann.
Angeln ist heute eine der erlebnisreichsten Freizeitbeschäftigungen und weckt zudem die Liebe zur Natur und ihren Kreaturen.
Vor nunmehr fast 35 Jahren hat mich die Fischerei in ihren Bann gezogen, damals, als ich oft mit meinem Vater am Lech entlang spazierte. Was habe ich die Angler bewundert und durch meine unendliche Neugierde wohl des Öfteren bis zur Grenze ihrer Geduld gereizt. Aber keiner dieser Lechfischer hat mir damals auch nur im Geringsten zu verstehen gegeben, dass ich unerwünscht wäre und ihn stören könnte. Was für eine Geduld müssen diese Angler gehabt haben. Jahre später, die »Fischeritis« hatte mich längst gepackt, hatte ich das Glück einen Lechfischer der Extraklasse kennen zu lernen. So oft es ging begleitete ich ihn bei seinen Streifzügen an den Lech. Fast alles was ich heute über die Angelfischerei weiß, habe ich meinem großen Lehrmeister zu verdanken. Besonders erfolgreich war er jedoch beim Huchenfang. Ich hatte das große Glück ihn mehrmals bei der erfolgreichen Pirsch auf diesen so wunderschönen Großsalmoniden zu begleiten. Es ist kaum verwunderlich, dass gerade der Huchen zu der von mir bevorzugten Beute wurde. Leider ist sein Fang eher die Ausnahme. Oft waren monatelange »Schneidertage« hinzunehmen bevor ich wieder einmal erfolgreich auf Huchen angelte. Aber gerade die Jahreszeit in der man den Huchen hauptsächlich nachstellt ist es, was diese Art der Fischerei so angenehm von anderen Freizeitbeschäftigungen unterscheidet. Ist es nicht ein wunderschönes, ergreifendes Erlebnis am winterlich stillen Huchenwasser morgens durch eine mit einer frischen Schneedecke verzauberte Landschaft zu wandern und sich an der Schönheit der Natur zu erfreuen? Für mich ist dies jedenfalls genügend Entschädigung für die

vielen »Schneidertage«, die man beim Angeln immer wieder erleben kann.
Erfreulich ist, dass sich jedes Jahr so viele »Neulinge« entscheiden, die Angelfischerei als neues Hobby auszuüben. Nach bestandener Prüfung gibt es für den Jungfischer aber auch für den Gelegenheitsangler eine Menge von Fragen, die ich hier gerne beantworten möchte. Besonders möchte ich auf die nachfolgend aufgeführten möglichen Fragen und Probleme eingehen und selbstverständlich auch den nötigen Überblick über die Biologie der Fische sowie Aussehen und Lebensraum der häufigsten Angelfische geben. Dabei habe ich versucht, möglichst regionale Besonderheiten außer Acht zu lassen. Einzig dem Huchenfang, der ja leider nur sehr regional möglich ist und der Meerforelle, die an unseren Küsten lebt, habe ich einen kleinen Abschnitt gewidmet.

Günter Leibig, Königsbrunn

»Lehrer« (rechts) und »Schüler« mit einem kapitalen Hecht.

Voraussetzungen für die Ausübung der Angelfischerei

In allen Bundesländern ist der Besitz eines staatlichen Fischereischeines unumgängliche Vorraussetzung für die Ausübung der Angelfischerei. Zumeist ist der Besuch eines Vorbereitungslehrganges zur Fischerprüfung vorgeschrieben. Für Jugendliche unter 18 Jahren gibt es meist die Möglichkeit, einen Jugendfischereischein zu erwerben, um dann unter Aufsicht eines erwachsenen Fischereischeininhabers zu angeln. Häufig wird auch die Fischerprüfung für Jugendliche ab 14 Jahren angeboten, die dann ohne Aufsicht eines erwachsenen Fischereischeininhabers die Angelfischerei ausüben dürfen. Selbst dürfen sie jedoch keinesfalls die Aufsicht über einen Jugendfischereischeininhaber übernehmen.
Lange Jahre war es für Jugendliche unter 10 Jahren in Bayern nicht möglich, aktiv die Angelfischerei auszuüben. In anderen Bundesländern konnten Jugendliche und Kinder fast jeden Alters die Angelfischerei selbständig ausüben. Vor kurzer Zeit wurde jedoch in Bayern eine Regelung eingeführt, die es jetzt auch den Kindern unter 10 Jahren ermöglicht, erste Erfahrungen beim Fischen selbst zu sammeln. Vorraussetzung dafür ist, dass ein volljähriger Angler, der einen gültigen Fischereischein und den erforderlichen Erlaubnisschein besitzt (das kann sein ein Erziehungsberechtigter, ein zuständiger Jugendleiter oder eine von den Eltern betraute Person z. B. Opa oder Onkel) und den Fischfang im rechtlichen Sinne ausübt. Das heißt, Kinder unter zehn Jahren können das Angeln nicht selbständig praktizieren, sondern nur mit einer Angel des erwachsenen Fischereischeininhabers.
Das Kind darf nach genauer Einweisung der Aufsichtsperson die Montage erstellen, auswerfen, die Angel halten, den Anhieb setzen, den Fisch ausdrillen und keschern. Bei Abwesenheit des Erwachsenen ist die Angel aus dem Wasser zu nehmen. Er darf zu keinen Zeitpunkt das Kind mit der Angel alleine lassen. Ebenso darf das Kind keinesfalls einen lebenden Fisch abködern, ebenso wenig betäuben und töten. Die Verantwortung obliegt immer dem Fischereiausübenden, also dem Erwachsenen. Genaue Auskunft über die gesetzlichen Regelungen in den einzelnen Bundesländern erteilen Landesanstalten für Fischerei bzw. die zuständigen Forst-/Landratsämter in den zuständigen Bereichen.

Bei einer solchen Äsche lässt sich leicht lächeln.

Neben dem Fischereischein wird selbstverständlich auch ein Fischereierlaubnisschein für das jeweilige Gewässer benötigt. Diesen erhält man in der Regel vom Fischwasserbesitzer bzw. Pächter oder einer beauftragten Person (Angelgerätehändler, Tankstellen usw.) unter Vorlage eines gültigen Fischereischeines. Für die meisten Angelgewässer gibt es Jahres-/Tageskarten oder auch Monatskarten. Die Preise hierfür sind sehr unterschiedlich und auch regional abhängig. An einigen Gewässern (zumeist Forellenseen) gibt es auch Halbtageskarten oder Karten, deren Preis von der Menge der verwendeten Ruten abhängt. Ich persönlich meide solche Gewässer, da sie meiner Meinung nach mit der Angelfischerei eigentlich nichts mehr zu tun haben.

Tipp

Wichtige Grundlagen zum Fangerfolg sind besonders aussagekräftige Informationen über die Möglichkeiten der Fischereiausübung an den einzelnen Gewässern, die vorkommenden Fischarten und die erlaubten Befischungsmethoden. Die Gewässerbewirtschafter geben den Gastanglern meist ausreichend Auskunft über die Angelmöglichkeiten an ihren Gewässern. Auch über Gebühren und Entnahme von Fischen sollte man sich vorher informieren, um nicht eine längere Anreise an ein Gewässer in Kauf zu nehmen, dessen Kartenpreise unter Umständen überteuert sind.

Vereinsmitgliedschaft

Ich war gut sieben Jahre Leiter einer Jugendgruppe mit durchschnittlich 50 Mitgliedern und bin nun schon einige Jahre in der Führung eines Vereines tätig. Die Erfahrungen und Eindrücke die ich während dieser Tätigkeit sammeln konnte erlauben mir, die Mitgliedschaft in einem Verein auf jeden Fall anzuraten. In den Jugendgruppen der Fischereivereine erfahren die Jugendlichen alles Wichtige über die sogenannte stumme Kreatur und werden zu verantwortungsvollen tier- und naturliebenden Menschen geformt. Während der Jugendabende werden Fragen und Probleme der Angelfischerei im gemeinschaftlichen Rahmen beantwortet und in kleinen Spielen Angelkunde und besonders Fischkunde den jungen Fischern nahegebracht. Gemeinsame Veranstaltungen, wie Nachtfischen, Anfischen, Jugendkönigs- und Pokalfischen sowie ein zumeist jährlich stattfindendes Zeltlager steigern den Gemeinschaftssinn. Ausbildungsfischen unter der Aufsicht erfahrener Jugendleiter sowie gemeinschaftliche Bastelabende geben ihr übriges. Es hat also eigentlich nur Vorteile, Mitglied in der Jugendgruppe eines Fischereivereines zu werden. Zudem sind die Jahresbeiträge in den Jugendgruppen meist sehr gering und der Wechsel im Erwachsenenalter zu den »Großen« kostet im Regelfall keine oder nur eine sehr geringe Aufnahmegebühr. Mit dem während der Zeit bei den »Jungfischern« erlangten Wissen fällt dann auch die Fischerprüfung wesentlich einfacher. In den meisten Fischereivereinen ist es zudem üblich, den Jugendfischern zumindest Teile der befischbaren Vereinsgewässer besonders kostengünstig anzubieten. Sicher, jeder mag für sich selbst entscheiden, ob er Mitglied einer Jugendgruppe werden möchte. Die Argumente sprechen jedoch sehr dafür. Aber auch der erwachsene Angelfischer hat große Vorteile von der Mitgliedschaft in einem Fischereiverein. Neben Vereinsaktivitäten, wie fischereilichen Veranstaltungen, gibt es auch Weiterbildungsmöglichkeiten z. B. Fischkochkurse, Fliegen-

Tipp

Viele Angelvereine führen Kurse zur Vorbereitung auf die Fischerprüfung durch. Oft ist es gerade für Kursteilnehmer besonders günstig nach erfolgreicher Prüfung die Mitgliedschaft dieses Vereines zu erwerben.

fischerkurse und Spinnanglerkurse sowie oftmals Rutenbau- und Fliegenbindekurse. Auch die Ausgabe von Jahreskarten ist häufig auf Mitglieder beschränkt. Die Gebühren einer Tages- oder Jahresfischereierlaubnis für Gastfischer liegt weit über denen organisierter Angler, so dass eine Mitgliedschaft im Verein schon aus Kostengründen anzuraten wäre. Viele Fischwasserbesitzer geben zudem Erlaubnisscheine nur an organisierte Angler aus.

Stolz präsentiert der Jungangler bei einer fischereilichen Veranstaltung des Vereines seinen Fang.

Notwendiges Angelgerät zum erfolgreichen Start

Eine sehr wichtige Frage für jeden Anfänger ist sicherlich, was benötigt man an Angelausrüstung zum erfolgreichen Start, ohne sich schon jetzt auf bestimmte Fischarten zu spezialisieren. Die Angelindustrie bietet eine unglaubliche Auswahl an verschiedensten Ruten, Rollen, Schnüren und Köder an. Der Neuling findet sich hier in einem wahren Dschungel der Geräteindustrie wieder. Es ist nicht einfach, ohne gute Beratung, hier das Richtige für den Einsteiger zu finden. Zum Glück gibt es aber sehr viele gute Angelgerätehändler, die sich auch die Zeit nehmen, für jeden Neuling und für jeden Geldbeutel die richtige Grundausstattung zu finden. Nachfolgend möchte ich auch nur die wichtigsten Teile, einer meiner Meinung nach optimalen Grundausrüstung für jeden Angelanfänger, aufführen.
Schon bei der **Auswahl der Ruten** kann man bei manchem Neuling die Ratlosigkeit im Gesicht buchstäblich ablesen. Teleskoprute oder Steckrute, 2,7 m oder 3,3 m ist oft die Frage. Nun, diese Frage ist gar nicht so leicht zu beantworten. Ob man sich eine Teleskoprute oder doch lieber eine Steckrute kauft ist im Wesentlichen eine Frage der Transportmöglichkeiten und der Jahreszeit zu der man angeln möchte. Sicher kann sich jeder gut vorstellen, wie schwierig der Transport einer 3,3 m langen zweiteiligen Steckrute mit dem Fahrrad oder dem Kraftrad ist. Teleskopruten haben hier einen klaren Vorteil! Sie sind mehrteilig und können bis auf kleinste Längen zusammen geschoben werden. Teleskopruten haben aber auch einen großen Nachteil: Die Ringe der Teleskoprute sind meist nur geklebt und lösen sich leicht bei ungünstigen Witterungsbedingungen, wie sie im Herbst und Winter leider häufig vorkommen. Vor allem beim Zusammenschieben der Rute im Winter treten Beschädigungen auf. Hier haben Steckruten einen klaren Vorteil: Ihre Ringe sind gebunden und ein Zusammenschieben der Einzelteile, wie bei der Teleskoprute, gibt es nicht. Viele Angler schwören auf Teleskopruten, andere wiederum bevorzugen die Steckrute. Es bleibt dem Einzelnen überlassen, für sich zu bewerten, welche Rute er verwenden möchte. Ich persönlich fische fast ausschließlich mit Steckruten und verwende Teleskopruten nur sehr selten.
Für den Anfänger, der sich noch nicht auf eine bestimmte Angelart oder Fischart spezialisiert hat, empfehle ich den Kauf von zwei Angelruten

zwischen 2,7 m und 3,0 m Länge und einem Wurfgewicht von 10 bis 30 g und 20 bis 40 g (Gewicht der Montage die von der Rute beim Auswerfen getragen wird). Hier bieten viele bekannte Hersteller schon Ruten in der Klasse ab 30,– bis 50,– Euro an.

Das nächste Ausrüstungsteil, dem wir unsere Aufmerksamkeit schenken wollen, ist die **Angelrolle**. Auch hier gibt es eine Vielzahl von Rollen für jede Angelart. Betrachten wir nur die Stationärrollen und lassen Multirollen und Fliegenrollen erst einmal ganz außer Betracht. Es gibt heute schon gute Rollen im Preisbereich unter 50,– Euro. Wichtig ist, dass eine Stationärrolle mindestens 200 m 0,25 mm Schnur bzw. 150 m 0,30 mm Schnur tragen kann. Ebenso ist eine saubere Bremswirkung der Rolle besonders wichtig. Mit der Bremse wird der Widerstand der Rolle eingestellt, ab dem sie Schnur freigibt, um bei einem Drill einen Schnurbruch zu vermeiden. Hierbei muss die Bremse selbstverständlich gleichmäßig und ruckfrei funktionieren.

Als Anfänger würde ich in jedem Falle monofile **Angelschnur** verwenden. Geflochtene Angelschnüre haben zwar eine wesentlich höhere Tragkraft, dehnen sich aber kaum oder nur sehr wenig und können bei nicht korrekt eingestellter Bremse zu großen Schäden an der Angelrolle führen. Monofile Angelschnüre haben heutzutage schon sehr gute Tragkraft und sind wesentlich billiger als geflochtene Angelschnüre. 500 m monofile Angelschnur der Stärke 0,25 mm bzw. 0,30 mm erhält man im Fachhandel schon unter 15,– Euro.

Besonders wichtig ist aber auch ein guter und **zuverlässiger Kescher**. Der Kescher ist eine Landungshilfe, um den nach dem Drill ermüdeten Fisch sicher zu landen. Hierbei ist zu beachten, dass der ausgewählte Kescher nicht zu klein ist und nach Möglichkeit ein tiefes Netz besitzt. Abhängig ist natürlich die Größe und Qualität von der Größe des zu erwartenden Angelfisches. Es ist sicherlich nicht nötig, zum Forellenfischen einen großen Lachskescher mitzuführen, der zum einen unhandlich und zum anderen sehr teuer ist. Gute Kescher mit ausziehbarem Stiel erhält man im Fachhandel schon ab etwa 20,– Euro.

Selbstverständlich benötigt man als Angler **wetterfeste Kleidung** und **Gummistiefel** oder **Watstiefel**. Auch hier ist der Fachhandel reichlich sortiert und auch in sogenannten Armeebedarfsläden gibt es praktische Kleidung zu günstigen Preisen.

Eine kleine Auswahl an **Posen**, **Wirbeln**, **Bleigewichten**, **Angelhaken**, **Spinnködern**, ein **Hakenlöser**, **Maßband** und **Fischtöter** sowie eine **kleine Zange** und ein **scharfes Messer** sind wichtige Ausrüstungsgegenstände, die

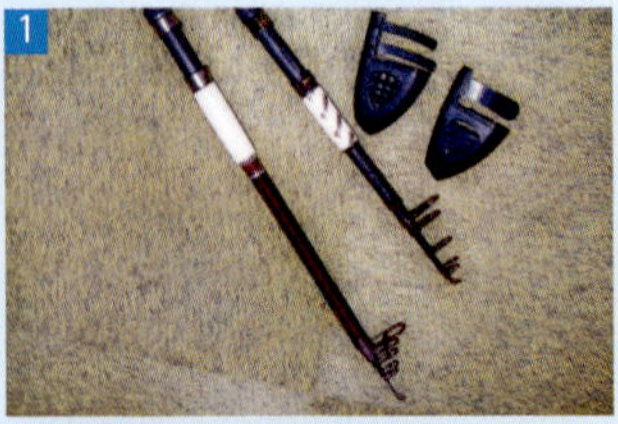
1

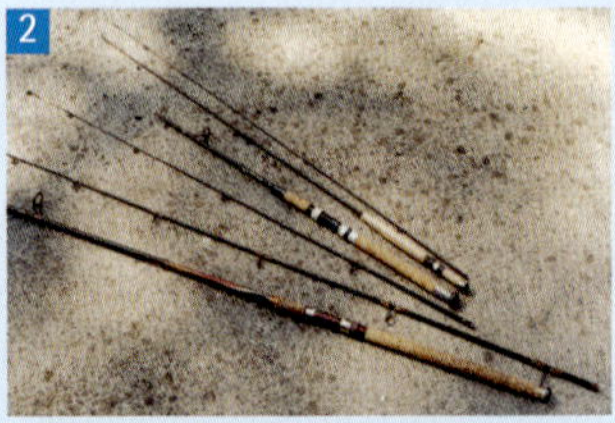
2

3

4

5

6

7
MICROFLEX

8

9
CAMTEC

10

11

12

13

14

1 Teleskopruten 2,7 und 3 Meter mit Ringschutzkappe.
2 Von links nach rechts: mittlere Steckrute, leichte Steckrute und leichte Fliegenrute
3 Oben: kräftige Stationärrolle; links: Multirolle; Mitte: Fliegenrolle; rechts: mittlere Stationärrolle.
4 Watkescher, Teleskopkecher und Gaff werden je nach Methode und Fischart zur sicheren Anlandung unbedingt benötigt.
5 Kleine Auswahl von Posen zum Fried- und Raubfischangeln.
6 Haken, Karabinerwirbel und Posen für Großräuber. Rechts daneben, zum Vergleich, kleine Korkpose für Forelle und Äsche.
7 Stahlvorfächer und einfache Systeme werden besonders zum Hechtfischen benötigt.
8 Die klassischen Rapalawobbler sind leider nicht ganz billig.
9 Spirolino, Spezialvorfächer und Forellenteig. Garant für gute Fänge besonders auf Teichforellen.
10 Kleine Auswahl fängiger Spinner. Silber in Verbindung mit rot aber auch Kupfer sind erste Wahl.
11 Die Auswahl an Angelschnüren ist riesengroß, Qualitätsschnüre sind heutzutage schon recht günstig erhältlich.
12 Gummifische sind sehr gute Köder für viele Raubfische.
13 Fischtöter, Lösezange, Maßband mit Waage und ein scharfes Messer ergänzen die Grundausstattung.
14 Je nach Methode benötigen wir die unterschiedlichsten Bleigewichte vom Tiroler Hölzel, Bleiolive, Kugel- und Birnenblei bis zur Vorratsdose mit Zwickblei.

jeder Angelneuling haben muss. Sicherlich wird jeder Angler sich im Laufe der Jahre mehr oder weniger auf bestimmte Angel- und Fischarten spezialisieren, aber mit der von mir beschriebenen Anfängeraustattung ist auf jeden Fall der erste Schritt zum erfolgreichen Angler getan.
Da es gerade bei den Spinnködern eine überaus reichliche Auswahl an Farben und Formen gibt, möchte ich hier gerne einige besonders gute Spinnköder für den Anfang empfehlen: **Zum Forellenfischen** würde ich nur zwei unterschiedliche Spinnköder wählen, den »Meppsspinner« in der Größe 4 und/oder 5, in den Farben Kupfer, Silber und Rotsilber sowie den »Effzettblinker« mit einem Gewicht von ca. 5 g in den Farben Silber oder Gold. Ein kleines rotes Plastikplättchen, am »Effzett« angebracht, erhöht die Reizwirkung dieses Spinnköders zusätzlich. **Zum Hechtfischen** empfehle ich ebenfalls den« Effzettblinker« ab ca. 20 g sowie den »Mepps« in der Größe ab 10 g in den schon beschriebenen Farben. Als ganz hervorragender Köder für Hechte hat sich der finnische »Rapalawobbler« herausgestellt. Hier empfehle ich ein schwimmendes Modell in Regenbogenforellenfarben ab ca. 15 cm. Leider ist dieser Wobbler nicht ganz billig, so dass man sich die Anschaffung vielleicht für später aufheben sollte.
Gummifische, **Twister** und **Twisterköpfe** sowie **Stahlvorfächer** runden die Erstausstattung ab.

Tipp

Eine Erstausrüstung mit zwei, maximal drei kompletten Ruten ist mehr als ausreichend. Die in der Zeit gewonnene Erfahrung beim Fischen wird dem angehenden Angler zeigen, wo seine besonderen fischereilichen Schwerpunkte liegen und in wieweit die Ausrüstung noch ergänzt werden muss.

Kleine Fischkunde

Die **Körperform** unserer meisten heimischen Fischarten ist stromlinienförmig. Nur wenige Fischarten weichen von dieser Form ab. Der Aal und auch der Wels haben eher einen schlauchartigen Körper. Einige karpfenartige Fische wiederum, wie der Spiegelkarpfen und die Brachse, sind *hochrückig.*
Vielen Fischen kann man einfach an der **Maulstellung** ansehen, von wo und wie sie ihre Nahrung aufnehmen. Die Barbe zum Beispiel hat ein stark *unterständiges* Maul. Sie nimmt die Nahrung hauptsächlich vom Gewässergrund auf. Die Forelle, der Zander und Döbel haben ein **endständiges** Maul; der Hecht und Rapfen ein **oberständiges** Maul.
Auch ist die **Färbung** der Fische sehr unterschiedlich und von der Jahreszeit abhängig. Salmoniden (lachsartige Fische) haben während der Laichzeit (Fortpflanzungszeit) besonders kräftige Färbungen. Bachforellen sind zum Teil regional so unterschiedlich gefärbt, dass man glauben könnte, es handelte sich um unterschiedliche Forellenarten.
Die Bezahnung unserer heimischen Fische ist sehr verschiedenartig. *Zahnlos*, z. B. alle Cypriniden (karpfenartige Fische), mit zahlreichen Zähnen versehen sind Hecht, Lachs, Huchen, Waller, Zander.
Die **Sinnesorgane am Kopf** sind die Augen, die Nase und das Maul. Viele Raubfische sind reine Sichträuber.
Die *Fischaugen* haben keine Lider. Viele unserer heimischen Fischarten haben ein hervorragendes Sehvermögen (viele Raubfische sind reine Sichträuber) und es ist anzunehmen, dass Fische, die wir sehen, uns auch sehen können. Es gilt daher, sich am Fischwasser so unauffällig wie möglich zu verhalten. Da die Fische auch ein sehr gutes Hörvermögen besitzen und zusätzlich über das Seitenlinienorgan Bewegungen und Druckwellen aufnehmen können, müssen wir uns beim Fischen immer so leise und unauffällig wie möglich verhalten. Der **Geschmacks- und der Geruchssinn** ist bei vielen Fischarten hervorragend ausgeprägt und mit ihnen finden vor allem Zander, Wels, Aalrutte und Hecht ihre Nahrung. Aale könnten theoretisch einen Tropfen Rosenwasser auf 1000000 Liter Wasser riechen. Dass Aale Assfresser sind, ist jedoch eher eine Geschichte, die ins Reich der Fabeln gehört. Wer schon einmal auf Aal mit totem Köderfisch geangelt hat, wird mir bestätigen, dass kein Aal auf einen Köderfisch beißt, der schon stundenlang im Wasser liegt.

Über den Körper unserer Fische verläuft meist das sogenannte **Seitenlinienorgan**, das aus einem schleimgefüllten Kanal in der Fischhaut besteht, in dem sich Sinneszellen befinden. Das Seitenlinienorgan reicht in der Regel über den gesamten Fischrumpf bis zum Schwanz der Fische. Mit dem Seitenlinienorgan registrieren die Fische Erschütterungen und Druckwellen. Es ist gerade für Raubfische ein wichtiges Organ zum Auffinden der Beute. Die Fische haben zur Fortbewegung im Wasser **Flossen**. Es handelt sich dabei um Brust-, Bauch-, After-, Schwanz-, Rücken- und bei Salmoniden um Fettflossen.

Fische sind Wirbeltiere. Das **Knochengerüst** der Fische besteht bei der überwiegenden Mehrzahl aus sogenannten Gräten. Dabei haben einige Arten, besonders Cypriniden, sehr viele Gräten, auch im Muskelfleisch. Andere, wie zum Beispiel der Hecht, haben so genannte Y-Gräten im Muskelfleisch. Oft wird die Qualität des Fischfleisches nur von der Anzahl der Gräten abhängig gemacht. Salmoniden haben sehr wenige Gräten und sind daher weit beliebter als z.B. Nase, Barbe oder Brachse. Dabei sind gerade Brachsen, wenn richtig zubereitet, sehr schmackhaft.

Fische sind **Kaltblüter**, ihre Körperwärme entspricht in etwa der Wassertemperatur des sie umgebenden Wassers. Das Blut mancher Fischarten ist giftig (Aal, Wels). Man sollte darauf achten, dass es nicht in offene Wunden gelangt. Die **Kiemen** werden von Wasser umspült, wobei sie Sauerstoff aufnehmen und Kohlendioxyd abgeben. Zum Schutz der Fischhaut im Lebensraum Wasser ist diese mit einer **Schleimschicht** umgeben. Sollte man einen Fisch mit der Hand landen oder vom Haken lösen müssen, um ihn zurück zu setzten, muss sich der verantwortungsvolle »Petrijünger« erst die Hände im Wasser abkühlen und befeuchten um die empfindliche Schleimhaut nicht zu verletzen, was zu schweren Pilzerkrankungen und möglicherweise zum Tode des Fisches führen könnte. **Friedfische** ernähren sich vorwiegend von Wasserinsekten und kleinen Algen, aber auch Schnecken und Würmer werden gerne gefressen. Cypriniden (karpfenartige) haben sogenannte Kauplatten, mit denen sie größere Nährtiere zerkauen können. **Raubfische**, wie Hecht, Zander, Waller und Salmoniden haben Fangzähne, mit deren Hilfe sie die Beute festhalten können. Sie können nicht damit kauen, sondern schlucken die Beute im Ganzen hinunter, wo sie dann im Magen zersetzt wird. Die Schwimmblase benötigen die Fische zum Schweben in unterschiedlichen Tiefenbereichen.

Bei manchen Fischarten (Karpfen und Welse) wird die **Schwimmblase** zusätzlich als »Hörorgan« eingesetzt.

Die inneren Organe eines Karpfens

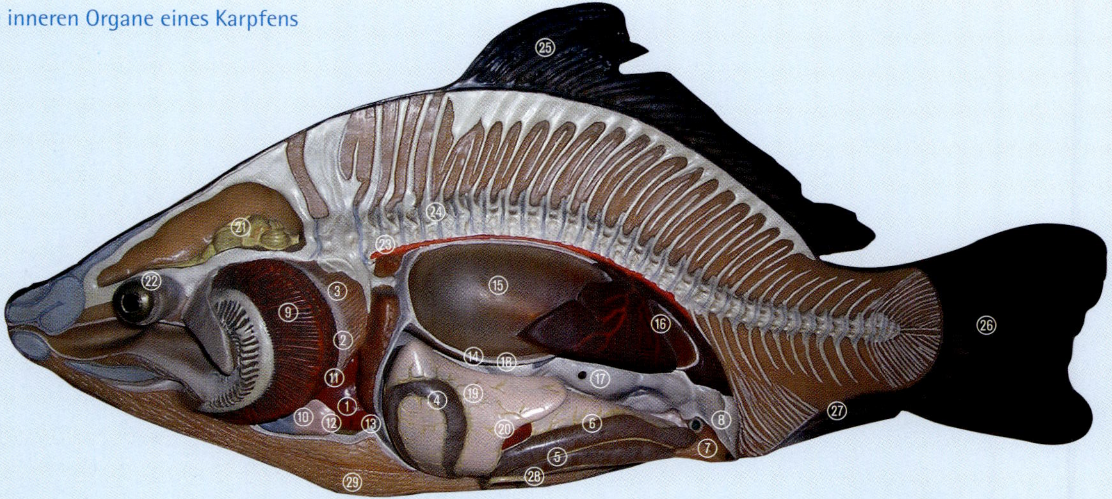

1. Herz
2. Schlund
3. Schlundknochen
4. Magen
5. Vorderdarm
6. Darm
7. After
8. Geschlechtsorgan Harnleiter
9. Kiemen
10. Bulbus artenosus
11. Herzvorkammer
12. Herzkammer
13. Scheidewand
14. Luftgang
15. vordere Schwimmblase
16. hintere Schwimmblase
17. Milch oder Rogen
18. Niere (innen)
19. Leber
20. Milz
21. Gehirn
22. Sehnerv
23. Rückenmark
24. Wirbelsäule
25. Rückenflosse
26. Schwanzflosse
27. Afterflosse
28. Bauchflosse
29. Brustflosse

Seeforelle mit deutlich erkennbarem Laichhaken.

Die weiblichen Fische werden als **Rogner** und die männlichen Fische als **Milchner** bezeichnet. Der Rogen (Fischeier) wird bei den Weibchen in den Eierstöcken entwickelt. Beim Ablaichen (Paarungsvorgang der Fische) werden die Eier über das After ausgestoßen. Der Milchner stößt gleichzeitig über den Eiern die »Milch« aus, so dass die Eier befruchtet werden können. Die Laichzeit ist bei vielen Fischen zu unterschiedlichen Jahreszeiten. Zum Schutz der Fische während der Laichzeit wurden Schonzeiten eingeführt. Um sicherzustellen, dass ein Fisch wenigstens die Chance hat, einmal im Leben dem Laichgeschäft nachzugehen, wurden Schonmaße eingeführt.

Die äußerliche Unterscheidung der Geschlechter gestaltet sich bei vielen Fischarten schwierig. Jedoch gibt es auch Fische, bei denen das Geschlecht sehr leicht zu erkennen ist. So haben z. B. männliche Äschen eine stark verlängerte Rückenflosse (auch Fahne genannt). Viele Salmonidenmilchner haben während der Laichzeit einen so genannten **Laichhaken** und auch der Schleienmilchner beeindruckt durch vergrößerte Bauchflossen.

Lebensraum Fließgewässer

Wenden wir uns nun dem Lebensraum der Fische zu. Der Lebensraum Fließgewässer kann in fünf Regionen eingeteilt werden. Dabei gibt es keine festen Grenzen. Oft ist der Übergang von einer Region zur anderen fließend. Die Regionen wurden anhand der in ihnen vorkommenden Leitfische (häufigst anzutreffende Fischart bzw. dominierende Fischart) in die Forellenregion, Äschenregion, Barbenregion, Brachsenregion und in die Brackwasserregion eingeteilt.

Forellenregion

Bei Gewässern der Forellenregion handelt es sich um Gebirgs-/Wald- oder Wiesenbäche mit starker Strömung, felsigem Grund oder niedrige Wiesenbäche, die im Sommer durch Wiesen oder Feldbewuchs an ihren Ufern stark zugewachsen sind. Oft steigt der Wasserspiegel durch Regenfälle innerhalb von Minuten stark an. Der Gebirgsbach führt zudem während der Schneeschmelze trübes, sehr hohes, oft reißendes und eiskaltes Wasser. Neben der Bachforelle kommen auch Mühlkoppen und Elritzen in diesen Gewässern vor. In einigen Gewässern der Forellenregion gibt es einen Bestand an Bach-

»Rauschender Bach«, die Forellenregion.

saiblingen. Das Leben in der Forellenregion ist für die Fische nicht leicht und sie erreichen daher auch selten kapitale Größen. Das Aufkommen an Fischnährtieren ist in der Forellenregion nur ausreichend und die Fische befinden sich ständig auf Nahrungssuche. Dafür sind Fische aus reinen Forellenbächen besonders ausdauernd und kampfkräftig, was den Angler beim Drill über die geringere Größe der Fische hinwegtröstet.

Äschenregion

Hier haben sich häufig schon einige Bäche zu einem Fluss zusammengeschlossen. Der Gewässergrund besteht aus Felsen und Schotter und es gibt schon einigen Bewuchs mit Wasserpflanzen. Neben der Äsche kommen auch hier noch Bachforelle, Mühlkoppe und Elritze vor. Gelegentlich kann man auch die Aalrutte und schon Huchen und Aitel beobachten. Das Aufkommen an Fischnährtieren ist in der Äschenregion wesentlich höher als in der Forellenregion.

Hier beginnt die Äschenregion.

Barbenregion

Die Flüsse der Barbenregion verfügen ebenfalls häufig über Schotterbänke und tiefe, stark durchströmte Rinnen aber auch ruhigere Kehrwasser, in denen sich gerne Barbe, Nase, Aitel und diverse andere Friedfischarten aufhalten. Gelegentlich ist auch der Huchen in der Barbenregion gut vertreten.

Aalrutte, Hecht, Aal, Barsch und weitere Fischarten runden den Bestand ab. In sauberen Gewässern trifft man auf diverse Kleinfischarten wie Mühlkoppe, Grundel und Schneider. Selbstverständlich gibt es auch hier häufig einen guten Bestand an Bachforellen und auch immer öfter Regenbogenforellen und Bachsaiblinge.

Brachsenregion

Hat der Fluss einmal die Brachsenregion erreicht, ist er breit und träge geworden. Jetzt sind auch Karpfen, Schleie, Rotauge und Rotfeder sowie Zander, Hecht, Aal, Barsch und auch Waller (Welse) anzutreffen. Mancherorts werden diese Gewässer noch mit Regenbogenforellen besetzt.

Der Fluss ist breit und langsam geworden, die Brachsenregion beginnt.

Brackwasserregion

Bevor sich unser Fluss endgültig in das Meer ergießt, durchfließt er eine Mischregion, in der das Wasser langsam an Salzgehalt zunimmt. Neben der Brachse, Rotauge, Rotfeder, Aal und Barsch kommen auch hier Hecht, Zander und Flunder vor. Gerade der Hecht fühlt sich in der leicht salzhaltigen Ostsee besonders wohl und wird an der Küste immer wieder zur beliebten Beute der Angelfischerei. An einigen Flüssen Norddeutschlands steigen zur Laichzeit wieder Lachs und Meerforelle auf, um in den oberen Regionen der Flüsse dem Laichgeschäft nachzugehen.

Der Lebensraum Teich/See

Ganz anders als der Lebensraum Fließgewässer zeigt sich der Lebensraum Teich/See. Während in Fließgewässern viele Fische den ganzen Tag über mit der Nahrungssuche beschäftigt sind, haben sich in den meisten stehenden Gewässern diese Aktivitäten auf die Morgen- und Abendstunden verlegt. Man kann daher an Fließgewässern eigentlich den ganzen Tag über mit Beute rechnen, während an stehenden Gewässern tagsüber oft auch nicht ein Fisch zum Anbiss zu verleiten ist. Diese Tatsache sollte man bei seinen Überlegungen nicht außer Acht lassen. Mit den unterschiedlichen Beißzeiten ändert sich auch das übrige Beißverhalten der Fische grundlegend.

Teich

Teiche sind oft ablassbar und speziell für einen erhöhten Befischungsdruck bestimmt. Vielerorts werden sogenannte Forellenteiche immer beliebter. Hierbei handelt es sich um Gewässer, die regelmäßig mit großen Mengen an Fischen (meist Regenbogenforellen) besetzt werden. Der Fang dieser Fische ist ohne besondere Bemühungen möglich und von waidgerechten Anglern

Ein ablassbarer Teich: zwei Fischer angeln direkt am Mönch.

Traumhafter Gebirgssee: Der Walchensee in Oberbayern.

abzulehnen. Aber es gibt auch Teiche, die von Vereinen oder Privatpersonen bewirtschaftet werden und die gute Möglichkeiten zur waidgerechten Ausübung der Angelfischerei bieten.
Besonders häufig sind in Teichen Regenbogenforellen, Karpfen, Schleien, Zander, Hecht, Barsch und diverse Weißfischarten anzutreffen.

See

Hier glaube ich, müssen wir nur zwei Kategorien unterscheiden: Einmal den Flachlandsee, die Baggerseen und die oft sehr großen Stauseen und zum anderen den alpinen Bergsee. Baggerseen, Flachland- und Stauseen sind hervorragende Angelgewässer. In ihnen tummeln sich Forellen (Bach-, See- und Regenbogenforelle), Zander, Hecht, Welse, Aale, Barsche, Karpfen, Schleien und eine Vielzahl an Weißfischarten. In manchen Stauseen in Bayern gibt es gute bis sehr gute Huchen- und Aalruttenbestände. Die alpinen Bergseen bieten jedoch einige Fischarten, die fischereilich besonders interessant sind. Neben Seeforellen kommen Seesaiblinge und Renken aber auch Bestände von Aalrutten, mit zum Teil kapitalen Exemplaren, vor. Die Fischerei in den alpinen Bergseen unterscheidet sich grundlegend von der Fischereiausübung in Flachland-/Stau-/oder Baggerseen, was schon alleine durch die oft extremen Wassertiefen der Bergseen verursacht wird.

Die häufigsten Angelfische

Sicherlich gibt es hier sehr regionale Unterschiede, aber ich glaube, mit der nachfolgenden Auswahl doch größtenteils alle Regionen berücksichtigt zu haben. Da Schonmaß und Laichzeiten in vielen Bundesländern unterschiedlich sind, habe ich auf eine Auflistung verzichtet. Am Ende dieses Buches habe ich jedoch eine Aufstellung von Fangzeiten und Ködern für die einzelnen Fischarten aufgeführt

Die Bachforelle

Die Bachforelle lebt in den europäischen Gebirgsbächen bis hinunter zu den Flüssen der Barbenregion. Sie ist zwischen 30 und 60 cm groß, hat einen dunklen Rücken und einen gelblich bis weißen Bauch mit roten Punkten, die regional unterschiedlich ausgeprägt sind und manchmal sogar ganz fehlen. Die Bachforelle ist eine der wichtigsten Angelfischarten, ihr Fleisch ist eine Delikatesse. Die Bachforelle ernährt sich in ihrer Jugend von Kleinkrebsen und Flugnahrung und wird im Alter zum ausgesprochenen Räuber,

Oft nicht leicht zu unterscheiden: Oben untermaßige Seeforelle, unten gut einpfündige Bachforelle.

der auch vor kleineren Artgenossen keinen Halt macht. Die Milchner der Bachforelle sind in der Laichzeit an ihrem ausgeprägten Laichhaken zu erkennen, der bei vielen salmonidenartigen Fischen festzustellen ist. Ebenso besitzt die Bachforelle, wie alle lachsartigen Fische, eine sogenannte Fettflosse. Die Bachforelle laicht in den Wintermonaten. See- und Meerforelle sind mit der Bachforelle so nahe verwandt, dass von einer einzigen Art auszugehen ist. Kapitale Bachforellen wurden schon mit über 20 Pfund Gewicht gefangen. Eine Forelle mit zwei Pfund Gewicht gilt aber schon als guter Fang.

Die Regenbogenforelle

Sie wurde im 19. Jahrhundert aus den Vereinigten Staaten von Amerika gemeinsam mit dem Bachsaibling in Europa eingebürgert. Die Regenbogenforelle ist von Natur aus widerstandsfähiger als die Bachforelle und kann auch leichte Verunreinigungen und höhere Wassertemperaturen vertragen. Regenbogenforellen haben einen blauen oder olivgrünen Rücken, silbrige Seiten mit mehr oder weniger ausgeprägten rötlichen Längsstreifen. Der Körper der Regenbogenforelle ist bis einschließlich der Schwanzflossen von kleinen schwarzen Punkten übersäht. Regenbogenforellen sind an der Angel bessere

Diese Regenbogenforelle von genau 10 Pfund Gewicht, ließ sich von einem Rapalawobbler verführen.

Kämpfer und erfreuen sich einer großen Beliebtheit bei vielen Anglern. Leider neigt die Regenbogenforelle zum Abwandern, was zu hohen Verlusten beim Besatz einer Fließwasserstrecke führen kann. Besonders geeignet sind sie daher zum Besatz von Bagger- oder Flachlandseen. Die Regenbogenforelle lebt auch in der Brackwasserregion der Ostsee und wächst hier zu kapitalen Exemplaren heran. Die durchschnittliche Größe der Regenbogenforellen dürfte bei 35 bis 60 cm liegen. Oft werden von Vereinen und Privatpersonen Forellen von etwa 500 g bei einer Länge von etwa 40 cm besetzt. Eine Regenbogenforelle von 1500 g ist ein sehr guter Fisch. Die Laichzeit der Regenbogenforelle liegt zwischen Ende Dezember und Anfang Mai.

Der Bachsaibling

Er wurde gemeinsam mit der Regenbogenforelle in Europa eingeführt. Der Bachsaibling hat einen olivgrünen Rücken und am Körper rote, blaue und gelbliche Punkte. Seine Flossen sind rötlich und besitzen einen weißen Saum. Der Bachsaibling liebt schnelles, sauberes Wasser. Leider wird der Bachsaibling bei uns nicht so groß wie in seiner amerikanischen Heimat, so dass ein Fisch mit 700 g schon etwas Besonderes ist. Der Bachsaibling ist ein wichtiger Fisch der Teichwirtschaft, sein Fleisch ist, ähnlich dem der Forelle, sehr schmackhaft. Die Laichzeit der Saiblinge stimmt in etwa mit der der Bachforelle überein.

Traumhafter Bachsaibling aus dem Lech.

Wunderschöne »Lechäsche«.

Die Äsche

Die Äsche ist der erklärte Lieblingsfisch vieler Flugangler. Leider sind ihre Bestände stark gefährdet, so dass sie mancherorts ganzjährig geschont ist. Sie liebt schnellfließende, sauerstoffreiche Gewässer mit festem Grund. Die Äsche hat einen langgestreckten Körper mit schwarzen Flecken auf Rücken und Flanken und einen kleinen Kopf. Die Kiefer sind mit kleinen Zähnen bewährt. Der Körper ist mit relativ großen Schuppen besetzt. Auffallend ist, dass die Rückenflosse, auch Fahne genannt, bei den Männchen wesentlich größer ist als bei den Weibchen. Die Färbung der Äsche geht über von silbergrauem Rücken und weißsilbernem Bauch bis zu messingfarbenen Flanken mit purpurfarbenem Schimmer zur Laichzeit. Äschen haben eine Fettflosse. Die Äsche ernährt sich hauptsächlich von Flugnahrung und Wasserinsekten, gelegentlich aber auch von kleinen Fischen und Fischlaich. Ihre durchschnittliche Größe liegt bei etwa 35 bis 40 cm. Eine Äsche über 45 cm ist schon ein kapitaler Fisch.

Der Hecht

Der Hecht zählt zu den beliebtesten Angelfischen in Deutschland. Er ist an fast jeden erdenklichen Gewässern anzutreffen. Ob im Flachlandsee, im Stausee oder im Hochgebirgssee, im kleinen Wiesenbach, in Gewässern der

Traumhaft schöner Hecht, der voller Stolz vom Fänger präsentiert wird.

Forellen- und Äschenregion, ja sogar im Brackwasser der Ostsee kann man Hechte fangen. Da der Hecht ein sehr gefräßiger Räuber ist, sind die Angler bemüht, die Bestände in Forellen- und Äschengewässern so gering wie möglich zu halten. Oft sind daher sogar Schonzeit und Schonmaß gänzlich aufgehoben. Hechte lieben klares Wasser mit Pflanzenbewuchs. Man kann Hechte oft regungslos, auf Beute lauernd, in solchen Gewässern beobachten. Der Hecht hat einen langen schlanken Körper. Der Kopf ist groß, die Kiefer sind entenförmig gestreckt. Der Unterkiefer des Hechtes steht etwas hervor, was den Räuber bedrohlich erscheinen lässt. Junghechte sind grasgrün, was ihnen die Bezeichnung »Grashechte« eingebracht hat. Die Rückenflosse des Hechtes ist weit nach hinten versetzt. Das Maul des Hechtes ist mit vielen Zähnen besetzt, mit denen er die Beute festhält, um sie dann im Ganzen herunterzuschlingen. Die Farbe der Hechte variiert je nach Gewässer in den verschiedenen Grüntönen mit hellen Streifen. Der Bauch des Hechtes ist gelblich weiß. Die Flossen sind gelbgrün gefleckt. Der Hecht ist ein Frühjahrslaicher, was für uns Angler bedeutet, dass wir im Herbst und Winter oft noch mit guten Hechtfängen rechnen können. Die Durchschnittsgröße des Hechtes liegt bei etwa 60 bis 75 cm, bei einen Gewicht von 1,5 bis 3,5 kg. Kapitale Hechte können weit über einen Meter groß werden bei einem Gewicht von über 20 kg.

Der Zander

Ein Raubfisch der immer beliebter wird, ist der Zander. Viele Angelvereine setzen bevorzugt Zander in ihre Vereinsgewässer. Zander haben einen hechtähnlichen, langen und schlanken Körper, eine spitze Schnauze mit endständigem Kiefer, der stark bezahnt ist und in dem die großen Fangzähne

Zander sind nicht nur beliebte Angelfische, sondern auch ganz besonders gute Speisefische.

(Hundszähne) besonders auffallen. Der Kiemendeckel endet mit einem kleinen Dorn. Zander haben Kammschuppen, was deren Haut besonders rauh erscheinen lässt. Die Rückenflosse ist zweigeteilt und mit Stachelstrahlen, an denen man sich leicht stechen kann, besetzt. Die Farbe der Zander reicht von dunkelgrünen bis dunkelgrauen Rücken über grünliche Flanken mit dunklen Querbinden und weißlich silbernem Bauch. Die Flossen des Zanders sind grün mit vielen schwarzen Punkten. Der Zander lebt in größeren Flüssen, Seen und Stauseen. In alpinen Hochgebirgsseen und Gewässern der Forellenregion fehlt er ganz. Er bevorzugt sommertrübes Wasser mit hartem Untergrund. Der Zander lebt und jagt meist in kleineren Trupps. Er meidet den Uferbereich und lebt bevorzugt im Freiwasserbereich. Zander betreiben Brutpflege. In der Laichzeit (zwischen März und Mai) bewacht das Männchen das Gelege, welches die Zander zwischen versunkenem Astwerk und Wurzelstöcken anbringen. Der Zander gehört zu den schmackhaftesten Süßwasserfischen. Er erreicht durchschnittlich eine Größe von 55 bis 70 cm bei einem Gewicht von 1,0 bis 4 kg. Fische über 90 cm gelten als kapital. Es gibt jedoch belegt Fänge von Zandern mit mehr als 25 Pfund Gewicht.

Der Wels (Waller)

Der Wels ist der größte heimische Raubfisch. Gewichte von über 100 Pfund bei einer Länge von über 200 cm sind durchaus möglich Er bewohnt die Gewässer der Barben- und der Brachsenregion. Durch Besatz wurde in vielen Seen ein zum Teil respektabler Bestand geschaffen. Der Wels hat einen langen, schlauchartig schlanken Körper mit einem großen Kopf, bewehrt mit vielen kleinen Zähnen. Auffällig sind seine sechs Barteln sowie die sehr kleinen Augen. Zwei Barteln befinden sich am Oberkiefer, sie sind wesentlich länger als die übrigen. Die Rückenflosse ist sehr klein, die Afterflosse lang und saumartig. Welse besitzen keine Schuppen. Sie haben ein sehr gutes Hörvermögen und sind daher besonders gute Nachträuber. Der Rücken der Welse ist dunkelgrau bis braun. Die Flanken sind grau, braungelb marmoriert. Welse lieben Verstecke, besonders gerne halten sie sich unter versunkenem Wurzelwerk, Büschen, Bäumen und in Höhlen oder Mulden auf. Der Wels gilt als hervorragender Angel- und Speisefisch.

Der Wels, der größte heimische Raubfisch.

Der Barsch

Er ist ein beliebter und auch sehr schmackhafter Angelfisch. Fast jeder Jungangler wird den Barsch als einen seiner ersten Angelfische kennen lernen. Barsche haben, ähnlich wie Zander, Kammschuppen, eine zweigeteilte Rückenflosse mit Stacheln und einen dornartigen Fortsatz am Kiemendeckel. Barsche sind jedoch viel kleiner als Zander und in der Färbung unterscheiden sie sich doch recht deutlich vom großen Bruder. Ihre Flanken sind heller und mit deutlichen dunklen Querbinden versehen. Der Bauch ist weißlich bis rötlich. Bauch und Afterflosse haben eine deutliche rötliche Färbung. Rücken und Schwanzflossen sind, nicht wie beim Zander, mit dunklen Punkten bestückt. Auch ist der Barsch deutlich hochrückiger als sein Verwandter, der Zander. Der Barsch ist in fast allen Gewässern anzutreffen. Leider ist er ein großer Bruträuber, was ihm in den Gewässern der Forellen- und Äschenregion nicht gerade große Beliebtheit verschafft. Barsche neigen

Der Barsch, ein gefräßiger Räuber.

bei zu starker Population zur so genannten Verbuttung. Dies bedeutet, dass der Barsch zwar in großen Mengen vorkommt, aber der einzelne Fisch nur noch geringe Größe und Gewicht erreichen kann. Die Länge des Barsches liegt zwischen 20 und 35 cm. Kapitale Exemplare erreichen eine Länge von über 50 cm. Die Laichzeit der Barsche liegt, je nach Lebensraum, zwischen März und Juni.

Der Aal

Ähnlich, wie der Barsch, hat auch der Aal ein sehr großes Verbreitungsgebiet. Früher wurde er von den Anglern in fast jedes geeignet erscheinende Gewässer eingesetzt. Mittlerweile ist sein Besatz zumindest in Bayern genehmigungspflichtig oder gänzlich untersagt. Der Aal hat einen schlangenartigen Körper mit sehr kleinen, tief verankerten Schuppen. Rücken-, Schwanz- und Afterflosse sind zu einem Flossensaum vereinigt. Während seiner Fresszeit im Süßwasser ist die Färbung des Aales dunkelgrau mit gelblichem Bauch. Wenn der Aal die Laichfähigkeit erreicht hat, verändert er seine Färbung (Blankaal). Der Bauch wird silberweiß und die Augen erscheinen nun wesentlich größer. Die Aale laichen in der Sargassosee in großer Tiefe und sterben nach dem Laichvorgang ab. Im Süßwasser entwickelt der

Schöner Aal, Beute der Nachtfischer.

Aal sich in zwei Fresstypen: Zum einen in den so genannten *Spitzkopfaal*, der hauptsächlich Würmer, Kleinkrebse, Insektenlarven und Schnecken auf dem Speisplan stehen hat und zum anderen in den *Breitkopfaal* oder *Raubaal*, der auch und besonders Fischen und Krebsen nachstellt. Aale sind alles andere als Aasfresser, was der kundige Angler bald herausfinden wird. Als durchschnittliche Größe des Aales kann eine Länge von etwa 75 cm bei einem Gewicht von etwa 500 g angegeben werden. Kapitale Aale erreichen eine Länge von über 120 cm bei einem Gewicht von bis zu 3500 g. Es ist dabei festzustellen, dass die männlichen Exemplare durchwegs kleiner sind als die weiblichen Aale.

Die Aalrutte

Die Aalrutte oder Quappe ist der einzige Vertreter der dorschartigen Fische im Süßwasser. Der Körper der Aalrutte ist länglich mit abgeflachtem Kopf. Sie besitzt das für dorschartige Fische eindeutige große Maul. Am Kinn befindet sich eine lange Bartel und an den Nasenlöchern jeweils eine weitere, jedoch sehr kleine Bartel. Der Rücken der Aalrutte ist braun, die Flanken sind braun bis gelboliv mit klar erkennbarer Marmorierung. Der Bauch ist weiß bis schmutzigweiß. Die Bauchflossen sind kehlständig, die Schwanzflosse ist abgerundet. Auffallend sind besonders die lange Rücken- und Afterflosse. Die Aalrutte ist ein nacht- bzw. dämmerungsaktiver Fisch. Während ihrer

Die Aalrutte ist der einzige Vertreter der dorschartigen Fische im Süßwasser.

Laichzeit (von November bis März) unternimmt sie kurze Laichwanderungen und ist dann besonders unter Wehren in großer Stückzahl anzutreffen. Die Aalrutte lebt vorwiegend in Flüssen, sie ist jedoch auch in einigen Bergseen, wie z. B. dem Walchensee in Bayern, mit zum Teil kapitalen Exemplaren vertreten. Aalrutten sind große Laichräuber und daher in den Gewässern der Forellenregion keine gerne gesehenen Gäste. Aalrutten erreichen durchschnittlich eine Größe von 50 bis 65 cm; als kapital gilt ein Fisch über 70 cm Länge. Das Fleisch der Aalrutte ist sehr wohlschmeckend und ihre Leber gilt als ausgesprochene Delikatesse.

Der Karpfen

Er ist wohl einer der ersten Fische, die jeder Angler fangen wird. Durch Besatz ist er weit verbreitet und in vielen Baggerseen und Fließgewässern heimisch. Der Karpfen kommt bei uns in verschiedenen Zuchtformen vor. Man unterscheidet zwischen *Spiegelkarpfen* (mit nur einigen, unregelmäßig verteilten Schuppen), *Schuppenkarpfen*, *Lederkarpfen* (mit lederartiger Haut

Dieser Spiegelkarpfen aus einem Baggersee brachte rund 22 Pfund auf die Waage.

Karpfen, hier ein schöner Schuppenkarpfen gehören zu den beliebtesten Speise- und Angelfischen.

ohne Schuppen) und *Wildkarpfen*, die ähnlich wie die Schuppenkarpfen ein normales Schuppenkleid besitzen, jedoch eine wesentlich schlankere Körperform aufweisen. Regional gibt es noch weitere Zuchtformen. In vielen Gewässern wurden zusätzlich großwüchsige *Grasfische* eingesetzt. Die am meisten verbreitete Karpfenform ist jedoch der Spiegelkarpfen. Er hat einen hochrückigen, gedrungenen Körper, das Maul ist vorstülpbar und rüsselähnlich. Am Maul des Karpfens befinden sich 4 Barteln, Körper und Rücken sind bräunlich, der Bauch erscheint weißgelb bis gelblich. Karpfen lieben sommerwarme Gewässer. Während der Laichzeit, die etwa zwischen Mai und Juni liegt, haben die Männchen einen Laichausschlag. Karpfen sind dämmerungs- und nachtaktive Fische. Mit Einbruch der Dämmerung kommen sie häufig bis in den ufernahen Flachwasserbreich. Das durchschnittliche Gewicht unseres Karpfens liegt bei etwa 3500 g bei einer Länge von etwa 60 bis 65 cm. Karpfen können jedoch ein Gewicht von weit über 20 kg bei einer Länge von über 100 cm erreichen. In vielen Gewässern werden jedes Jahr regelmäßig Karpfen von über 15 bis 20 Pfund Gewicht gefangen.

Die Schleie

Ähnliche wie der Karpfen lieben Schleien sommerwarme Gewässer mit starkem Pflanzenbewuchs. Schleien haben einen kräftigen Körper mit sehr kleinen Schuppen. Am Maul befindet sich auf jeder Seite je eine Bartel. Die Färbung der Schleie geht von olivgrünem Rücken über grünlichglänzende

Die Schleie gehört zu den schönsten heimischen Fischarten.

Flanken und gelblichweißem Bauch. Die Flossen sind alle abgerundet und kräftig. Bei den Männchen sind die Bauchflossen verlängert. Die Laichzeit der Schleie liegt zwischen Mai und Juni. Schleien halten sich tagsüber zumeist in Grundnähe auf und kommen erst mit Einbruch der Dämmerung in den Flachwasserbereich der Uferregion. Schleien sind, wie der Karpfen, ausgezeichnete Speisefische. Sie erreichen durchschnittlich eine Länge von 40 bis 50 cm bei einem Gewicht von bis zu 2500 g. Als kapital dürften Fische mit einer Länge von über 55 bis 60 cm gewertet werden.

Brachse, Aitel, Barbe, Nase, Rotauge und Rotfeder

Brachse, Aitel, Barbe, Rotauge und Rotfeder gehören alle zu den *karpfenartigen* Fischen. Die Brachse ist hochrückig, hat einen kleinen Kopf mit unterständigem Maul. Ihr Körper ist mit vielen großen Schuppen versehen. Der Rücken ist dunkelgrau, die Flanken schmutziggrau und der Bauch erscheint silbriggrau, die Flossen sind dunkelgrau. Die durchschnittliche Länge liegt bei etwa 30 bis 50 cm, kapitale Fische erreichen Längen von über 70 cm bei etwa 5000 g Gewicht.

Der **Aitel** oder *Döbel* ist ebenso ein weit verbreiteter Vertreter der Karpfenfische. Er hat einen stromlinienförmigen schlanken Körper mit großen dunkel umrandeten Schuppen. Die Färbung des Aitel reicht von graubraunem Rücken über silbrig, oft schmutzig gelb glänzende Flanken und weißlichen

Schöner Döbel im glasklaren Wasser des Lechs.

Die Barbe ist einer der kampfstärksten Friedfischarten.

Bauch. Die Flossen sind, mit Ausnahmen der Bauch- und Afterflosse dunkelgrau, die After- und Bauchflossen sind rötlichbraun. Aitel sind Laichräuber und daher in Salmonidengewässern nicht gerne gesehen. Die durchschnittliche Größe des Aitel liegt bei etwa 30 bis 50 cm bei einem Gewicht von 500 bis 2500 g. Als kapital dürften Fische über 60 cm angesehen werden.
Die **Barbe** ist ein Fisch, der schnellfließendes Wasser mit kiesigem Grund liebt. Barben sind Schwarmfische und sehr ausdauernde Kämpfer. Sie haben einen langen stromlinienförmigen Körper mit 4 Barteln am Oberlippenrand. Sie haben wulstige Lippen, das Maul ist, ähnlich wie beim Spiegelkarpfen, rüsselartig. Alle Flossen der Barbe sind rötlichbraun, der Rücken ist meist braun, die Flanken erscheinen bräunlichgelb, der Bauch schimmert weißlich. Der Körper ist mit mittelgroßen Schuppen versehen. Der Rogen der Barbe ist giftig. Die Barbe erreicht durchschnittlich eine Länge von 55 bis 65 cm bei einem Gewicht von 1000 bis 3000 g. Es kommen jedoch in einigen Gewässern Bestände mit Barben bis zu 90 cm vor. Maximal dürfte die Länge mit bis zu 100 cm bei einem Gewicht von über 15 Pfund angegeben werden.
Die **Nase** ist ein Fisch der Äschen- und Barbenregion. Nasen bevölkerten früher in großen Schwärmen die Gewässer im Donau- und Rheineinzugsgebiet. Sie lieben schnellfließendes Wasser und können bis zu 60 cm lang und über 2,5 kg schwer werden. Leider sind die Bestände durch Verbauungen und Schwellbetrieb an den großen Flüssen stark zurückgegangen, so dass die Nasenbestände vielerorts stark gefährdet sind. Ihren Namen verdankt die Nase ihrem Maul mit hornigen Lippen. Besonders auffallend ist ihr schwarzes Bauchfell, das beim Ausweiden der Fische sichtbar wird.

Währen der Laichzeit ziehen die Nasen in Schwärmen flussaufwärts, sie laichen auf seichtem Kiesboden. Männchen und Weibchen haben einen Laichausschlag.

Rotaugen und **Rotfeder** sind eine der am weitesten verbreiteten Fische unserer Heimat. Rotauge und Rotfeder sind sich sehr ähnlich, unterscheiden sich jedoch eindeutig durch Färbung der Augen und der Flossen. Das Auge des Rotauges ist rötlich, die Flossen der Rotfeder sind stark rötlich. Beide haben einen blaugrauen bis dunkelgrauen Rücken, silbrigglänzende Flanken und silbrigweißen Bauch. Sie erreichen durchschnittlich eine Größe von 20 bis 30 cm, kapitale Fische eine Länge von bis zu 50 cm. Das Fleisch der meisten so genannten Weißfische ist durchaus schmackhaft, jedoch mit einer Vielzahl von Gräten durchsetzt, was den Weißfischen nur sehr wenige Liebhaber einbringt.

Kapitale Sommerbrachse.

Mit einfachen Mitteln zum Erfolg

Viele Angelbücher beschreiben sehr ausführlich und besonders aufwändig die Angelmethoden der unterschiedlichsten Fischarten. Dabei werden sehr komplizierte und kostenintensive Montagen beschrieben. Auch bei der Auswahl der Köder werden oft Spezialköder oder schwer zu beschaffende Köder aufgeführt. Ich jedoch glaube, dass man auch mit einfachen und preisgünstigen Montagen und leicht zu beschaffenden Ködern zum Erfolg kommen wird.

Nur wenige Spezialmontagen verwende ich zum Angeln. Einzig das so genannte **Tiroler Hölzel**, ein kurzer Kunststoffschlauch mit eingearbeitetem Bleigewicht, würde ich in jedem Fall zum Fischen in Fließgewässern verwenden. »Tiroler Hölzel« werden als Beschwerung zum Grundfischen verwendet. Das »Hölzel« wird an einem Seitenarm befestigt und ist somit besonders schnell austauschbar. Es läuft beim Fischen in Fließgewässern am Grund entlang und ist bei weitem nicht so hängergefährdet wie eine normale Bleibeschwerung. »Tiroler Hölzel« gibt es im Fachhandel mit Gewichten zwischen 10 g und etwa 60 g. Sie werden besonders zum Fang von Äschen mit einem Nymphensystem eingesetzt (siehe Fang der Äsche, Seite 59). Man kann sich das »Tiroler Hölzel« jedoch auch leicht selbst herstellen.

In Fließgewässern verwende ich hauptsächlich kleine Korkposen, die ebenfalls günstig im Fachhandel angeboten werden. Aber auch sie sind leicht selbst herzustellen. Neben den bereits aufgezählten Kunstködern verwende ich gerne *Mais* (Dosenmais gibt es im Lebensmittelhandel), *Teig* (aus Toastbrot

Grundmontage mit Tiroler Hölzel.

Verfasser mit kapitaler Beute (links Bachforelle, rechts Regenbogenforelle).

Kleine Auswahl fängiger Köder.

oder Semmeln, den man gerne mit Zucker, Honig, Vanillezucker oder ähnlichem versüßen kann), *Mistwürmer* (gibt es im Fachhandel als »Dentropenas« oder einfach selbst im Gartenabfall gezüchtet), sowie *Maden* und *Tauwürmer*. Bei der Verwendung von Teig ist darauf zu achten, dass der Teig geschmeidig bleibt und nicht zu fest wird, da sonst beim Anhieb der Haken nicht oder nur unzureichend im Fischmaul fasst. Maden kann man auch selbst züchten, das ist jedoch nicht besonders appetitlich, ich würde daher zum Kauf im Angelfachgeschäft raten. Auch Tauwürmer kann man sich leicht selbst suchen. Nachts im feuchten Gras findet man viele Würmer, man muss jedoch mit äußerster Vorsicht vorgehen, da die Würmer bei der kleinsten Erschütterung sich sofort in ihr Loch zurückziehen. Würmer und Maden sind bei kühler Lagerung lange haltbar. Man sollte jedoch darauf achten, dass keine Maden über einen längeren Zeitraum aufbewahrt werden, da sich diese sonst verpuppen und nach einiger Zeit eine große Zahl von Fliegen schlüpfen würde. Tauwürmer und Mistwürmer vertragen keine Sonne, bei zu warmer Umgebungstemperatur verenden sie sehr schnell. Im

Sommer muss man daher seine Köder im Schatten oder besser noch in einer Kühltasche lagern.
Für Raubfische eignen sich hervorragend tote *Köderfische* (in Deutschland sind lebende Köderfische verboten). Dazu verwende ich gerne Rotaugen und Lauben in der Größe von etwa 10 bis 15 cm, die man sich selbst fangen kann. Forellen als Köder kann ich nicht empfehlen, sie sind mir als »Edelfisch« zu wertvoll, zudem ist ihr Fleisch zu weich und hält nicht lange am Spinnsystem. *Forellenteig* ist ein sehr guter Köder der besonders an Forellenseen oder auf Zuchtforellen zum Einsatz kommt. Forellenteig ist in der Regel schwimmend und wird an Weitwurfposen (sinkend oder langsam sinkend) sowie an der Grundangel schwebend angeboten. *Boilies* sind für den Anfänger nicht zu empfehlen. Forellen, die auf Forellenteig gefangen werden, beißen aber oft auch gut auf Mais oder Teig, welche wesentlich kostengünstiger sind. Die Fischerei mit Boilies ist sehr aufwändig und kostenintensiv und wird hauptsächlich von reinen Karpfenspezialisten angewendet. Manche Angler verwenden auch Hundefutter wie »Frolic« mit großem Erfolg zum Angeln und Anfüttern. Sicherlich gibt es eine Vielzahl von Angelködern und erfolgversprechenden Spezialmontagen. Ich glaube jedoch, der Anfänger ist gut beraten, wenn er sich auf die hier aufgeführten Köderarten und Angelmethoden beschränkt. Einen Köder sollten wir jedoch nicht außer Acht lassen: *Steinfliegenlarven* und *Köcherfliegenlarven*, die in vielen Gewässern in großer Zahl vorkommen und zu den besten Angelködern überhaupt zählen.

Tipp

Steinfliegenlarven und Köcherfliegenlarven findet man in sauberen Bächen und Flüssen unter rauen Steinen und Felsen, Köcherfliegenlarven oftmals sogar in großen Mengen. Wichtig ist, dass die Larven feucht aufbewahrt werden. Köcherfliegenlarven werden zum Fischen am besten vorsichtig aus dem Köcher gezogen und mit größter Sorgfalt auf einen kleinen Madenhaken montiert.

Anhieb, Drill und Landung

Wann ist der richtige Zeitpunkt gekommen um nach einem Biß den **Anhieb** zu setzen? Nun, beim *Spinnfischen mit Kunstködern* sehr einfach zu beantworten: Sofort. Schwieriger wird es beim Fischen mit toten Köderfischen. Beim Zander empfehle ich sofort anzuschlagen, beim Hecht warte ich einige Sekunden ab und setze dann den Anhieb.
Erfolgreiche Huchenfischer wissen, dass man bei einem *Huchenbiss* alleine schon wegen der Heftigkeit des Bisses automatisch einen Anhieb setzt. *Karpfen und Schleie sowie Barbe, Aitel und Brachse* lasse ich kurz Zeit zum Fressen und setze auch dann den Anhieb. *Forelle und Äsche* hingegen werden meist sofort nach dem Anbiss angeschlagen. Fische ich auf *Aal oder Rutte mit Köderfisch*, gebe ich auch diesen Fischen etwas Zeit zum Fressen. Sicherlich geht der eine oder andere Anhieb ins Leere, aber auch hier wird der Anfänger bald das richtige Gefühl für den besten Zeitpunkt eines Anhiebs herausfinden.
Der **Drill** eines Fisches sollte niemals länger als notwendig hinausgezögert werden. Besonders ist darauf zu achten, dass die Schnurbremse so eingestellt ist, dass Schnur freigegeben wird bevor die Reißkraft der Angelschnur erreicht ist.
Zeigt der Fisch »weiß«, erfolgt die **Landung**. Hierfür verwenden wir einen *Unterfangkescher*, der entsprechend der zu erwartenden Beute ausgelegt ist. Es gilt der Grundsatz: Lieber zu groß als zu klein. Nichts ist ärgerlicher, als einen schönen Fisch noch zu verlieren, weil er nicht in den zu kleinen Kescher passt. Der Kescher wird so ins Wasser gehalten, dass der Fisch über den Kescher geführt werden kann. Nur dann ist eine sichere Landung gewährleistet. Untermassige, oder sich in der Schonzeit befindende Fische, lösen wir vorsichtig im Wasser. Die Hände müssen dabei befeuchtet werden, um die empfindliche Schleimhaut der Fische nicht zu verletzten, was leicht zu Verpilzungen führen kann.
Auf die Verwendung eines *Gaffs* als Landungshilfe für große Fische verzichte ich gänzlich. Das Gaff (ein einem Metzgerhaken ähnliches Gerät mit Teleskopstiel), das zur Landung eines Fisches in dessen Unterkiefer gerammt wird, erscheint mir nicht waidgerecht und ich lehne daher seine Verwendung ab.

Schöne Bachforelle richtig gekeschert!

Tipp

Der Drill eines Fisches muss so kurz wie möglich bzw. so lang wie nötig sein. Niemals aber darf der Drill eines Fisches unnötig in die Länge gezogen werden. Gerade untermaßige Fische sind durch zu langen Drill häufig total entkräftet und verenden trotz sorgfältigstem Lösen des Angelhakens auch ohne äußere Verletzung an Entkräftung (besonders die zarte Äsche ist diesbezüglich sehr anfällig).

Ein guter Knoten entscheidet über den Erfolg eines hartnäckigen Drills.

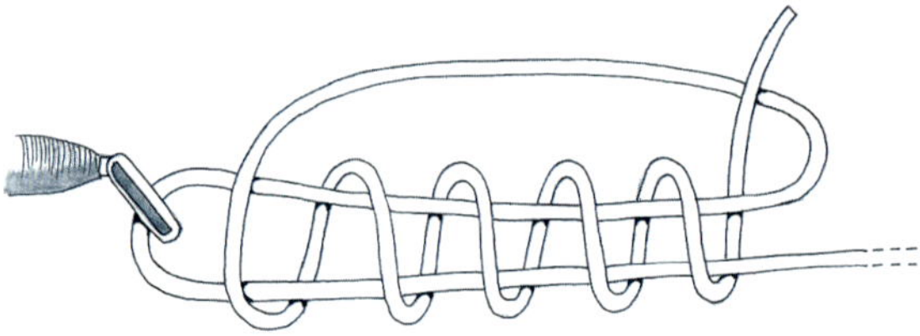

Der Grinner- oder Uniknoten eignet sich für Wirbel und Kunstköder; unter Zug schließt sich die offene Schlaufe.

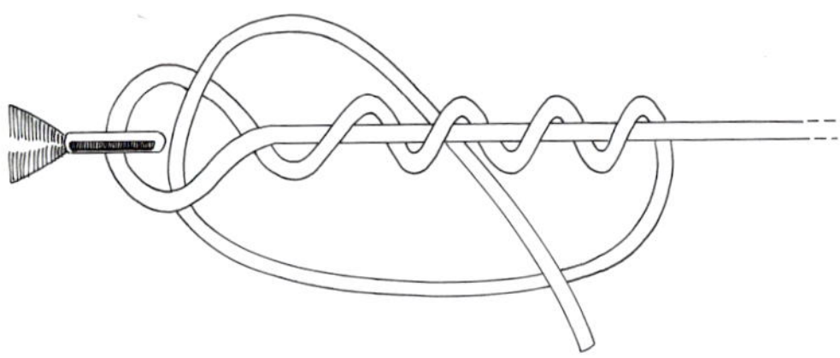

Verbesserter Klammerknoten
Einer der tragfähigsten und einfachsten Knoten für das Anknüpfen von Wirbeln, Öhrhaken und Kunstködern.

Chirurgen-Schlaufe
Die einfachste Möglichkeit eine Schlaufe in ein Leinenende zu binden. Sehr wichtig für die Verbindung »Schlaufe zu Schlaufe« (z. B. Hauptschnur zu Vorfach). Drei Überschläge bis 0,25 mm, bei stärkerem Monofil genügen zwei Überschläge

Der Fang von Forellen und Saiblingen

Bach- und Regenbogenforellen sowie Bachsaiblinge zeigen ein ähnliches Beißverhalten, so dass praktisch identische Fangmethoden zur Anwendung kommen. Etwas anders sind die Fressgewohnheiten bzw. Verhaltensweisen von Seeforelle und Seesaibling, was wohl auch mit den speziellen Lebensräumen dieser beiden Salmonidenarten zusammenhängen dürfte. Forellen und Bachsaiblinge lassen sich in fließenden Gewässern sehr gut mit der Wurmangel erbeuten. Hierbei muss man sich nur entscheiden, ob mit einem Kugelblei oder dem »Tiroler Hölzel« als Beschwerung gefischt werden soll. Bei der Verwendung eines Kugel- oder Laufbleies wird zwischen Wirbel und Blei ein kleines Glaskügelchen als Schnur- und Knotenschutz auf die Angelschnur gefädelt. Durch den oft rauen Untergrund unserer Gewässer entstehen an den weichen Grundbleien scharfe Kanten und Grate, welche die Angelschnur beschädigen oder gar abscheuern könnten. Ich empfehle die Verwendung eines Kugel- bzw. Laufbleies, wenn flussabwärts gefischt werden soll. Mit dem »Tiroler Hölzel« wiederum kann in relativ kurzer Zeit eine große Wasserfläche abgefischt werden. Auf die Hauptschnur wird ein zweiter Wirbel frei beweglich aufgezogen. Zwischen diesem Wirbel und dem fest angeknoteten Wirbel (der die Hauptschnur mit dem so genannten Vorfach verbindet) wird ebenfalls eine Glaskugel aufgezogen. Diese ist jedoch weniger als Schnurschutz gedacht, vielmehr soll sie ein Verklemmen der beiden Wirbel ineinander verhindern. Das Hölzel bleibt somit frei beweglich und ein abziehender Fisch wird die Bebleiung nicht wahrnehmen.
Mit dem **Hölzel** fischt man am besten stromaufwärts und lässt den Köder über den Grund laufen. Leider hat das »Tiroler Hölzel« einen kleinen Nachteil, es wird durch den Wasserdruck an die Oberfläche gedrückt. Das bedeutet, dass man es in schnell fließenden Gewässern nicht beliebig weit flussabwärts treiben lassen kann. Als Köder verwende ich Mist- oder Tauwürmer. Diese werden so auf den Haken aufgezogen, dass die Hakenspitze verdeckt bleibt. Aber auch Maden und Gemüsemais können guten Erfolg bringen. Besonders bei Gewässern, die regelmäßig mit Fischen aus der Forellenzucht besetzt werden, hat sich Mais als Köder bestens bewährt. Bei der Verwendung eines Lauf- oder Kugelbleis werfe ich immer schräg flussabwärts.

Kein Allerweltsfang, kapitale Bachforelle von knapp acht Pfund Gewicht.

Bleibt das Blei dann irgendwann liegen, kurble ich alle paar Minuten etwa einen Meter Schnur auf und führe somit den Köder näher an meinen Standplatz heran. Kommt es zum erhofften Biss, warte ich ein, zwei Sekunden, um dem Fisch Zeit zum Fressen zu geben. Heftige Anbisse quittiere ich sofort mit einem Anhieb.

Auch die **Posenangel** (Schwimmerangel) ist für fließende Gewässer gut geeignet. Ich verwende dabei gerne Schwimmer aus Kork, die man entweder selbst bastelt oder sehr günstig beim Fachhandel kaufen kann. Bei den Posen (Schwimmern) unterscheidet man zwischen *Feststellpose* (wird fest auf die Angelschnur geklemmt) und der *Durchlaufpose* (wird beweglich auf der Angelschnur montiert, die gewünschte Angeltiefe wird mit einem Stoppergummi, der auf der Schnur über der Pose sitzt, frei und schnell wählbar eingestellt). Die Montage mit Feststellpose erreicht sofort nach dem Auswerfen die gewünschte Angeltiefe, während die Laufpose erst nach kurzer Zeit die gewünschte Einstellung erreicht, da die Schnur langsam an der Pose entlang in die Tiefe gleitet. Feststellposen sind für fließende Gewässer augenscheinlich besser geeignet. Dies ist jedoch nur bedingt richtig. In tieferen, langsam fließenden Gewässern dürfte die Laufpose doch die bessere

Wahl sein. Die Montage mit der Feststellpose wird bei größeren Angeltiefen sehr unhandlich und die Pose ist dann eher hinderlich. Der Abstand zwischen Pose und Haken ist manchmal sehr groß und nimmt beim Landen eines Fisches dem Fischer die Möglichkeit, die Beute zum Keschern so nah wie möglich an das Keschernetz zu führen.
Beim Angeln mit der Pose werfe ich immer flussaufwärts und lasse die Pose dann an mir vorbei flussabwärts treiben. Man sollte jedoch die Montage nicht zu weit abtreiben lassen, da bei zu großer Schnurlänge kein wirkungsvoller Anhieb mehr möglich ist. In langsam fließenden Gewässern montiere ich die *Bebleiung* über den Wirbel; auf eine Glasperle verzichte ich bei dieser Art der Fischerei. Bei schneller fließenden Gewässern montiere ich zusätzlich etwa 10 bis 15 cm über den Haken ein Bleischrot, das den Köder schneller in die gewünschte Tiefe bringt und ihn nicht im Wasser auftreiben lässt. Bisse quittiere ich mit sofortigem Anhieb. In stehenden Gewässern sind die Montagen mit Laufblei, Hölzel und Schwimmer ebenso einsetzbar. Die Fische beißen jedoch nicht so heftig wie im fließenden Wasser, man muss ihnen etwas Schnur zum Abziehen freigeben, um dann mit einem heftigen Anhieb zu quittieren.

Watkescher, Weidenkorb, zur Aufbewahrung der Fänge und Spinnrute.

Tipp

Gerade im Sommer und gegen Ende der Angelsaison werden die Forellen vorsichtiger und sind nur noch sehr schwer an den Haken zu bringen. Hier können sehr feines Gerät und Miniköder, die unter äußerster Vorsicht angeboten werden (kleinste Mistwürmchen, einzelne Maden oder Köcherfliegenlarven oder ein Maiskorn), immer noch gute Fangergebnisse bringen.

Beim **Spinnfischen** in *fließenden Gewässern* werfe ich den Köder schräg flussabwärts und lasse ihn nach Möglichkeit durch den Strömungsdruck rotieren, ohne Schnur einzuholen. Erst dann beginne ich mit dem Einholen des Spinnköders. Dabei ist es wichtig, den Spinnköder nicht monoton durch das Wasser zu ziehen. Langsames Einholen, dann wieder etwas schneller, unterbrochen durch ruckartiges Zupfen der Rute, wirken auf die Forellen besonders interessant.

Stehende Gewässer fische ich fächerartig ab, dabei lasse ich den Köder nach dem Auswurf etwas Zeit, um in die gewünschte Angeltiefe zu sinken.

Einen Anbiss erwidere ich sofort mit dem Anhieb. Regenbogenforellen sind große Kämpfer und bieten an der leichten Spinnrute einen spannenden Drill. Sie springen viel öfter als Saibling und Bachforelle, ergeben sich aber dann doch meist nach kurzem Drill. Untermassige Forellen müssen direkt im Wasser vom Haken gelöst werden. Dabei ist unbedingt darauf zu achten, dass man den Fisch nach Möglichkeit nicht keschert und nur mit feuchten Händen berührt, um die empfindliche Schleimhaut des Fisches nicht zu verletzen.

Zum Forellenfischen verwende ich *Haken* der Größe 4 bis 8, am besten *ohne Widerhaken* bzw. mit angedrückten Widerhaken. Als Köder zum Posen oder Grundfischen verwende ich Tau- und Mistwürmer (die so auf den Haken montiert werden, dass die Hakenspitze verdeckt bleibt), Mais (hier werden 4 bis 5 Maiskörner über den Haken gezogen, auch hier bleibt die Hakenspitze verdeckt) sowie Maden, Steinfliegen- und Köcherfliegenlarven, die ähnlich montiert werden. In manchen Seen ist auch ein Teig aus Toastbrot oder Semmeln ein sehr guter Köder. Im fließenden Gewässer biete ich den Köder auch beim Posenangeln direkt über Grund an, in stehenden Gewässern scheint eine Angeltiefe von etwa zwei Metern besonders erfolgversprechend. Es ist jedoch genauso gut möglich den Köder am Grund anzubieten, besonders, wenn man die Angelstelle vorher angefüttert hat.

Der Fang von Seeforellen und Seesaiblingen gestaltet sich etwas anders. Sie lieben kaltes, sehr tiefes Wasser und bevorzugen die alpinen Bergseen als Lebensraum, die Tiefen von manchmal weit über 100 m aufweisen. Hier ist selbstverständlich eine andere Strategie angesagt. Seeforellen sind für uns Angler meist nur im Frühjahr mit der Angel erreichbar. Sie kommen zu dieser Zeit in seichteres, ufernahes Wasser und sind jetzt sogar für den Spinnfischer vom Ufer aus oder den Schleppfischer vom Boot aus erreichbar. Jugendliche dürfen auf keinen Fall alleine vom Boot aus fischen. Es ist immer die Begleitung eines erwachsenen Fischereischeininhabers notwendig. Bergseen aber auch andere Gewässer bergen oft ungeahnte Gefahren, die man bei guter Wetterlage nicht einschätzen kann. Leichtsinniges Verhalten kann schnell zur Gefährdung von Leib und Leben führen. Auch die Uferfischerei ist nicht ungefährlich. Die oft kilometerlangen Steinbauten sind manchmal glatt oder rutschig und man kann sich hier unter Umständen so verletzen, dass man auf die Hilfe anderer angewiesen ist. Es gilt also der Grundsatz: »Angle an Bergseen niemals alleine«.
Für den Fang der **Seeforelle** empfehle ich eine etwa 270 cm bis 300 cm lange Spinnrute mit 10 bis 30 g Wurfgewicht. Die Rolle sollte mindestens 200 m 0,25 mm Qualitätsschnur aufnehmen können. Die Bremse muss gut

Grundausrüstung zum Tiefschleppen: Downrigger, Schleppblei, Releaseklipp und Schleppblinker

funktionieren, das heißt, die Schnur gleichmäßig und nicht ruckartig freigeben. Seeforellen können zum Teil wirklich kapitale Größen erreichen und Fische von 10 Pfund Gewicht sind nichts Außergewöhnliches. Im Drill entwickeln sie große Kräfte und geben sich oft erst nach heftigem und manchmal auch dramatischem Kampf geschlagen. Vom Ufer aus fische ich jede Angelstelle fächerartig ab, um dann etwa 10 Meter weiterzugehen und den Vorgang zu wiederholen. Als Köder verwende ich bevorzugt kleine Effzett- oder Tobyblinker mit Gewichten von etwa 15 g bis 20 g. Als besonders geeigneter Köder für Seeforellen haben sich kleine Fische am so genannten *Planseesystem* erwiesen. Hierbei wird der Köderfisch, meist eine Elritze, an einer Hakenflucht befestigt, der Kopf des Fischchens unter einem Bleikopf, der auch als Wurfgewicht dient, verborgen. Mit diesem System fängt man nicht nur Seeforellen, es ist auch zum Fang großer Seesaiblinge bestens geeignet. Aber auch Regenbogenforelle, Bachforelle und Bachsaibling lassen sich mit dem »Planseesystem« gut überlisten. Der Köder wird beim Fischen auf Seeforellen etwas schneller als gewöhnlich geführt. Seeforellen lieben schnelle, ruckartig bewegte Köder, die im Frühjahr in geringer bis mittlerer Tiefe geführt werden. Beim Schleppfischen wird der Köder entweder durch ein schweres Seitenblei, das ähnlich dem »Tiroler Hölzel« beweglich auf die Schnur montiert wird, oder mittels eines Downriggers (Tiefschleppgerätes) in der gewünschten Tiefe gehalten. Die Variante mit Schleppblei ist nur bedingt empfehlenswert, da das meist hohe Gewicht des Schleppbleies (ca. 25 bis 50 g) beim Drill sehr hinderlich sein kann und dadurch viele Fische wieder verloren gehen. Downrigger hingegen bestehen aus einem auf einer speziellen Spule aufgerollten Stahldraht, an dessen Ende ein Schleppblei von etwa 1000 g bis 5000 g Gewicht, je nach Schlepptiefe, angebracht wird. Etwas oberhalb des Schleppbleies wird ein so genannter Releaseklipp (der ähnlich einer Wäscheklammer funktioniert und auch aussieht) montiert.

Tipp

Beim Fischen in den großen Voralpenseen sind oft lange Wege mit dem Ruderboot zurückzulegen um die fangträchtigen Stellen zu erreichen. Diese Wege nutze ich um mit kleinen oder mittelgroßen einteiligen Wobblern im oberflächennahen Wasser auf Seeforellen zu schleppen. Besonders im März, April, Mai und September bieten die oberflächennahe geschleppten Wobbler gute Chancen.

Hegene und Renkenpose, erfolgreich auf Saibling und Renke.

An diesem Klipp wird die Angelschnur so eingehängt, dass dieser die Schnur bei einem Anbiss automatisch freigibt. Es wird so viel Schnur zwischen Köder und Klipp abgerollt, dass der Angelköder in einem Abstand von etwa 5 bis 7 m, manchmal aber auch 10 bis 15 m, hinter dem Downrigger frei laufen kann. Die Angelrute wird in eine Rutenhalterung gesteckt und mit einer kurzen Leine und einem Karabiner davor geschützt, sich bei einem plötzlichen Anbiss auf »Nimmerwiedersehen« vom Boot zu verabschieden. Die Angelschnur wird gespannt und die Rute ist stark gebogen. Bei einem Anbiss löst sich die Hauptschnur vom Releaseklipp und die Rute entspannt sich automatisch. Dabei wird durch das Entspannen schon der Anhieb gesetzt. Leider ist die Montage zum Downriggerfischen nicht gerade preisgünstig. Unter 300 Euro ist keine vernünftige Ausrüstung zu erhalten. Ich denke, man sollte sich daher die Anschaffung für spätere Zeiten aufheben und erst einmal mit einfacheren und kostengünstigen Methoden Erfahrungen sammeln.

Seesaiblinge werden im Frühjahr hauptsächlich beim Schleppfischen mit kleinen, dünnwandigen Blinkern gefangen. Es hat sich dabei herausgestellt, dass eine in der Schweiz entwickelte Variante besonders erfolgversprechend

ist. Dabei wird von einem Blinker der Drilling entfernt und durch ein kurzes etwa 15 bis 30 cm langes Vorfach mit Einzelhaken ersetzt. An den Einzelhaken werden dann einige Maden aufgespießt. Dies ist eine sehr gängige Methode, die für den Saiblingfang bestens geeignet ist. Da sich die Saiblinge im zeitigen Frühjahr in Tiefen zwischen 25 bis 40 Meter aufhalten muss man ein entsprechendes Blei (25 bis 50 g) vorschalten. Ab Ende April, Anfang Mai werden die Saiblinge hauptsächlich mit der *Hegene* gefangen. Hegenen sind paternosterartige Gebilde, die aus einem System von mehreren Nymphen bestehen. Am Ende des »Nymphenzuges« wird ein Birnenblei befestigt. Hegenen werden in den alpinen Bergseen meist leicht zupfend im Mittelwasser angeboten. Bei Wellengang ist beim Fischen vom Boot aus kein Zupfen mehr nötig, da die Auf- und Abbewegung des Bootes ausreicht, um dem Köder »Leben einzuhauchen«. Hegenen können auch vom Ufer aus eingesetzt werden, bevorzugt bei Wellengang. Man befestigt hierzu die Hegene an einer Angel mit Laufpose, die auf die gewünschte Tiefe eingestellt wird. Taucht die Pose ab oder legt sie sich zur Seite wird der Anhieb gesetzt und der Drill kann beginnen.
Auch das Fliegenfischen ist eine besonders erfolgversprechende Angelart auf Forellen und Saiblinge. Da eine gute Fliegenausrüstung jedoch nicht gerade

Eine Renkenstrecke, gefangen mit der Hegene: Im Frühling und Sommer werden mit der Hegene häufig auch Renken erbeutet, die jedoch leicht ausschlitzten und einen besonders vorsichtig durchgeführten Drill erfordern.

Die Wasserkugel, fängige Alternative zur Fliegenrute.

billig ist, wollen wir uns das spezielle Fliegenfischen für spätere Zeiten aufheben. Es gibt jedoch eine Möglichkeit, gerade in Seen, Forellen und steigende Saiblinge (nach Fliegen an der Wasseroberfläche suchende Fische) zu überlisten. Die *Wasserkugel* gibt auch dem Fischer, der nicht im Besitz einer Fliegenfischerausrüstung ist, die Chance trotzdem erfolgreich sowohl mit Trocken- oder Nassfliege, mit Nymphe (Imitat einer Fliegenlarve) als auch mit Streamern (stellen kleine Fischen oder Krebstieren dar) zu fischen. Am Ende unserer Angelschnur befestigen wir die Wasserkugel (ein mit Wasser befüllbarer meist durchsichtiger Hohlkörper) und an deren Ende ein etwa 100 bis 150 cm langes Vorfach, an das wiederum die künstliche Fliege gebunden wird. Trockenfliegen (werden schwimmend an der Oberfläche angeboten) werden mit etwas Fliegenfett eingerieben, um ihre Schwimmfähigkeit zu verbessern. Mit der Wasserkugel können sehr große Wurfweiten erreicht werden. So ist es möglich, weit vom Ufer entfernt steigende Fische zu erreichen, die sonst für den normalen Fliegenfischer unerreichbar wären. Nach dem Anbiss erfolgt ein etwas zeitversetzter Anhieb. Ich warte etwa 1/2 Sekunde. Das Fliegenvorfach soll in der Regel nicht stärker als 0,18 mm sein, da es sonst zu leicht von den Fischen wahrgenommen wird und diese dann zu großer Vorsicht ermahnt. Beim Fischen mit Nymphe oder Nassfliege muss die Wasserkugel genau beobachtet werden und jede Bewegung mit einem Anhieb quittiert werden, da man hier die Bisse nur durch das Wegziehen der Wasserkugel erkennen kann. Beim Fischen mit Streamern kann das Vorfach gerne etwas länger gewählt werden. Hier werden auch spezielle, langsam sinkende Wasserkugeln oder Spirolino eingesetzt. Der Streamer wird, ähnlich wie beim Spinnfischen der Spinner oder Blinker, geführt und jeder Biss wird sofort angeschlagen. In stark befischten Vereinsgewässern kann das Angeln mit der Wasserkugel besonders erfolgreich sein und noch gute Fische einbringen, wenn die anderen Uferangler längst erfolglos aufgegeben haben.

Tipp

Die Wasserkugel bietet oftmals eine wirklich gute Alternative zum herkömmlichen Fliegenfischen. Um jedoch unnötigen Ärger zu umgehen, muss man sich vor Ort informieren, ob die Verwendung einer künstlichen Fliege an der Wasserkugel an der jeweiligen Gewässerstrecke erlaubt ist. Viele Bewirtschafter reiner »Fliegenfischerwasser« untersagen den Gebrauch der Wasserkugel und des »Tiroler Hölzel« gänzlich.

Äsche – nicht nur Beutefisch der Flugangler

Die Äsche ist ein sehr beliebter Angelfisch, sie ist die erklärte Lieblingsbeute vieler Fliegenfischer. Leider sind ihre Bestände sehr stark rückläufig. Dies dürfte zum einen an dem in vielen Fließgewässern durchgeführten Schwellbetrieb (Absenken von Staustufen wegen der Stromgewinnung aus Wasserkraftwerken) und zum anderen an den erheblichen Verlusten durch Kormorane und Gänsesäger liegen. Ich selbst konnte schon erleben, wie Kormorane unter frisch gesetzte Äschen einfielen und großen Schaden anrichteten. Vielerorts kommt es dabei zum Totalverlust der Besatzfische. Es ist nicht weiter verwunderlich, dass einige Angelvereine die Äsche ganzjährig geschont haben oder den Fang von nur wenigen Fischen im Jahr genehmigen. Äschenzucht ist nicht einfach. Geeignete Besatzfische sind schwer erhältlich und recht teuer. Trotzdem gibt es noch einige Gewässer mit guten bis sehr guten Äschenbeständen. Zwar ist die Äsche Lieblingsfisch vieler Fliegenfischer, aber auch alle anderen Angler haben gute Chancen in einem geeigneten Fischgewässer den einen oder anderen guten Fisch zu erbeuten.

Herbstzeit ist Äschenzeit.

Tipp

Goldkopfnymphe und Tiroler Hölzel lassen sich kostengünstig selbst herstellen. Für brauchbare Goldkopfnymphen verwende ich Fliegenbindegarn, Nymphenhaken der Größe 12, 14 und 16 und silber- oder goldfarbene Glasperlen aus dem Bastelladen. Zudem benötigen wir noch braune Hechelfedern und bei Bedarf, um die Nymphe in tiefen Wasser anzubieten, etwas Bleidraht. Für Tiroler Hölzel benötigen wir ein Stück Aquariumschlauch, Karabinerwirbel und Bleischrot oder Bleioliven als Beschwerung.

Ich fische, wenn nicht mit der Fliegenrute, ausschließlich mit *Nymphenzug am »Tiroler Hölzel«*. Hierbei werden etwa drei möglichst unterschiedliche Nymphen oberhalb des Hölzels, direkt mit der Hauptschnur verbunden, paternosterartig angeboten. Ich werfe immer stromaufwärts und halte die Angelschnur leicht gespannt. Das Hölzel lasse ich soweit flussabwärts treiben, bis es von selbst an die Oberfläche gedrückt wird. Jeden Biss beantworte ich mit sofortigem Anhieb. Als Nymphen verwende ich »Goldkopfnymphen« auf Haken der Größe 12 bis 16 und in den Farben rot, schwarz und dunkelgrün. Da ich hauptsächlich im Lech und der Paar auf Äschen angle, ist es durchaus möglich, dass andernorts eine andere Nymphenfarbe oder Form mehr Erfolg bringen kann. Die Fischerei mit »Nymphenzug« ist aber überall gleichermaßen eine hervorragende Methode zum Äschenfang.
Auch mit der *Posenangel* lassen sich Äschen sehr gut erbeuten. Als Köder haben sich hier besonders Köcherfliegen- und Steinfliegenlarven sowie Mistwurm bewährt. Mais ist für Äschen offensichtlich eine Köstlichkeit. Manche Angler erbeuten jedes Jahr eine große Menge an Äschen mit Mais als Köder an der leichten Posenangel. Nur ein einziges Maiskorn wird hierbei an einem Goldhaken der Größe 10 bis 9 angeboten. Meist wird noch etwas mit Mais angefüttert. Leider werden durch diese Methode viele Jungfische verangelt, daher lehne ich persönlich diese Art des Äschenfischens ab.
Auch muss man beim Lösen untermassiger Fische besonders vorsichtig sein. Äschen sind sehr empfindlich, schon leichtes Drücken des Fisches kann zum Verenden der Äsche führen.
Wie die Forelle lässt sich auch die Äsche gut mit der Trockenfliege oder der Nymphe an einer Wasserkugel fangen. Äschen sind gute Kämpfer. Ein Fisch von 40 cm bietet an leichtem »Zeug« einen spannenden Drill.

Der Hecht, ein dankbarer Angelfisch

Hechte bevölkern viele Seen und Fließgewässer. Selbst einige Bergseen, wie der Walchensee, der Tegernsee und, nicht zu vergessen der Sylvensteinstausee bei Bad Tölz, beherbergen teilweise kapitale Hechte. Doch sollte man nicht gleich mit einem kapitalen Exemplar rechnen. Große Hechte sind nicht alltäglich. Vor Jahren wurde ein Vereinsgewässer des Lechfischereiverein Augsburg e.V. elektrisch abgefischt (die Fische werden durch elektrischen Strom kurzzeitig betäubt), dabei wurden einige große Hechte erwartet, zumal das Gewässer einen sehr guten Ruf bezüglich seines angeblich hervorragenden Hechtbestandes hatte. Umso größer war die Enttäuschung bei den Anglern. Zwar wurden über 2000 Hechte geborgen, die meisten waren jedoch sehr klein und nur wenige Exemplare hatten eine Länge von 60–80 cm und nur ein einziger Großhecht mit etwa 30 Pfund konnte geborgen werden. Ein normaler Hecht mit 65 bis 75 cm ist jedoch durchaus ein guter Fisch. Die Chancen, einen Großhecht zu fangen, sind aber gerade in großen Stauseen nicht schlecht. Hechte lieben Verstecke, sie stehen mit Vorliebe an versunkenen Bäumen oder Astwerk. Auch Krautbänke sind beliebte Standplätze. In den Flüssen lauern Hechte hinter großen Steinen, an ausgespülten Ufern, in Altwässern, am Einlauf kleiner Zuflüsse, in tiefen Kehren, aber auch direkt unter Wasserfällen oder am seichten Auslauf einer Schotterbank. Ich verwende bevorzugt den toten Köderfisch zum Hechtfischen. Auch zu Zeiten, als der lebende Köder in Deutschland noch erlaubt war, hatte ich den *toten Köderfisch* am Spinnsystem einem lebenden Köderfisch immer vorgezogen. Mit der Spinnangel kann eine wesentlich größere Wasserfläche abgefischt werden, während der lebende Köder meist nur an einer Stelle oder einem sehr eingeschränkten Raum Verwendung finden konnte. Geeignete Köderfische zum Spinnfischen sind Rotauge, Rotfeder, Laube, kleine Aitel, Barsche, Gründlinge und mein Favorit, die Schleie. Hochrückige Fische sind zum Spinnfischen nicht geeignet, können aber beim Grundfischen auf Hecht durchaus erste Wahl sein.
Ich führe dem toten Köder eine Ködernadel durch die Waidöffnung und ziehe sie durch den Fischkörper, bis sie am Fischmaul wieder heraus kommt. Am Ende des Stahlvorfaches, das ich so durch den Fischleib gezogen habe,

befestige ich einen Drilling, der je nach Größe des Köderfisches zwischen Hakengröße 1/0 und 6 liegt. Nun bringe ich eine Bleibeschwerung, die je nach Strömung und Wassertiefe bzw. benötigter Wurfweite variiert, entweder über den Verbindungswirbel direkt auf der Hauptschnur oder als Zwickblei über dem Maul des Fischchens an. Wie beim Angeln auf Forellen schiebe ich zwischen Wirbel und Blei eine Glasperle als Schnurschutz auf die Angelleine. Für die Montage mit Zwickblei ist die Perle nicht nötig. Das

Ein Kochelseehecht von 80 cm Länge.

Stahlvorfach sollte mindestens 20 bis 30 cm länger sein als das Köderfischchen. Leider habe ich schon einige Male schlechte Erfahrungen mit zufällig an die Forellenangel gegangenen Hechten gemacht, so dass ich die Verwendung eines Stahlvorfaches bei der Hechtfischerei immer empfehle. Nun werden die interessanten Stellen fächerartig abgefischt. Dabei führe ich den Köder sehr langsam, um zu verhindern, dass er sich zu schnell um seine eigene Achse dreht. Habe ich den Köder mit einer »Kopfbebleiung« versehen, führe ich ihn leicht ruckartig. Der Hechtbiss macht sich beim Spinnfischen mit totem Köderfisch als leichtes Halten oder Zupfen bemerkbar.
Nach dem erfolgten *Biss* galt früher die Regel, vor dem Anhieb eine Zigarettenlänge zu warten und den Hecht erst einmal bei geöffneter Rolle Schnur nehmen zu lassen, um ihm Zeit zu geben, den Köder zu drehen und zu verschlingen. Ich hatte oft schon die Möglichkeit das Fressverhalten der Hechte unmittelbar zu beobachten. Dabei habe ich festgestellt, dass normal große Hechte nur 2 bis 3 Sekunden benötigen, um eine handlange Köderschleie zu verschlingen. Größere Hechte verschlingen Köder dieser Größenordnung sofort. Es ist daher keinesfalls notwendig, die vielgerühmte Zigarettenlänge zu warten. Im Gegenteil: Kleine Hechte haben dann den Köder schon tief verschluckt und können meist nicht mehr lebensfähig zurückgesetzt werden. Also, nach dem Anbiss nur wenige Sekunden warten, dem abziehenden Hecht etwas Schnur geben, um dann zügig anzuschlagen. Hechte sind sehr unterschiedliche Kämpfer. Der Hecht im Fluss kämpft weit heftiger als ein gleiches Exemplar aus einem See. Aber in jedem Fall ist der Drill eines großen Hechtes ein unvergessliches Erlebnis. Beim Landen sollte man dem Räuber niemals in das Maul oder die Kiemen greifen, denn selbst die Kiemen sind mit dornartigen Fortsätzen bewehrt, so dass schmerzhafte Verletzungen die Folge wären. Also immer den Kescher verwenden. Auf die Hilfe eines Gaffs (fleischerhakenähnliche Landungshilfe) verzichte ich ganz. Beim Lösen untermassiger Hechte verwende ich keinesfalls Rachen- oder Schonrachensperren, da auch hier eine Verletzung des Hechtes fast unumgänglich ist. Leichter schneidet man das Vorfach so kurz wie möglich ab. Der Hecht wird den Haken in fast allen Fällen nach einiger Zeit, kaum beschadet, wieder loswerden.
Beim Spinnfischen in krautreichen, flachen Gewässern verwende ich gerne Schwimmwobbler, die ich relativ schnell führe. Bisse auf Wobbler und Blinker sind wesentlich heftiger als auf tote Köder am Spinnsystem.
Eine sehr gute Methode ist auch das Fischen mit dem toten Köderfisch auf Grund oder in Grundnähe mit der Pose. Dabei wird ein toter Köderfisch an

Gummifische gibt es in verschiedensten Farbmustern und mit verschiedenen schweren Bleikopf- und Hakengrößen.

Einfachhaken oder Drillingshaken am Stahlvorfach stationär oder langsam treibend oder durch Inanspruchnahme eines Grundbleis dem Hecht angeboten. Der Haken wird entweder am Maul, in Höhe der Rückenflosse oder in der Schwanzwurzel befestigt. Man kann dem Köder auch künstlich Auftrieb geben, indem man den Fischchen Styropor in den Rachen steckt. Dies wird besonders an Gewässern mit sehr weichem Grund angewandt, um ein Einsinken des Köders in den Boden zu verhindern. Als Köder kommen alle vorher genannten Köderfischarten, aber auch hochrückige Fische, wie Karausche und Brachse, in Betracht. Besonders gute Köder sind gerade in der kalten Jahreszeit Meeresfische wie Makrelen, Sardinen, Heringe und Stocker. Hier konnte ich schon sehr gute Erfolge verbuchen. Gerade mit handlangen Stockern als Köderfisch war ich in der kalten Jahreszeit besonders erfolgreich. Ich glaube, es ist die »Duftnote«, die das Fischen mit Meeresfischen als Köder so erfolgreich macht. Leider halten die sehr weichfleischigen Meeresfische nicht sonderlich gut am Haken und große Wurfweiten sind nicht ohne weiteres möglich. Aber es gibt die Möglichkeit, Süßwasserfische einige Zeit in einen Behälter mit Meeresfischen zu legen. Diese nehmen den besonderen Geruch der Meeresfische schnell an und können dann genauso

gut eingesetzt werden. Da Rotauge und Co. aber sehr gut am Haken halten, sind nun größere Wurfweiten kein Problem.
Auch *Gummifische* können einen Hecht anlocken. Ich verwende hier Gummifische, die grünlich oder gelbgrün schimmern. Der Gummifisch wird auf einen Bleikopf mit Einzelhaken gezogen. Zusätzlich befestige ich einen Drilling, den ich über den Einzelhaken einhänge, um der Gefahr von Fehlbissen vorzubeugen. Der Gummifisch wird zupfend durch Heben und Senken geführt. Anbisse sind selten heftig, eher zaghaft, jedoch sofort mit einem kräftigen Anhieb zu begegnen. Da der Anbiss oft beim Sinken des Gummifisches erfolgt, muss die Angelschnur immer gestrafft bleiben um einen möglichen Biss nicht zu verpassen. Schleppfischen auf Hecht ist besonders erfolgreich. Hier kommen tote Köderfische am System, dünnwandige Blinker und Wobbler in Frage. In seichten Gewässern verwende ich eine Schlepppose oder einfacher eine große Wasserkugel, die ich vor der Schleppmontage montiere, damit so die gewünschte Tiefe erreichet werden kann. Der Köder läuft dann auch in flachen Gewässern nicht am Grund, Hänger werden vermieden und der Köder bewegt sich in der hoffentlich hechtträchtigen Wasserschicht.

Bei solchen Zähnen steht außer Frage, dass ein Stahlvorfach zum Hechtfischen ein Muss ist.

Großwobbler mit unterschiedlichen Tauchschaufeln für verschiedene Wassertiefen.

Eine Besonderheit sind gerade beim Spinnfischen die vielen *Nachläufer* (Hechte, die den Köder oft bis unmittelbar zum Ufer folgen ohne ihn zu nehmen). Hier ist guter Rat teuer. Ich habe jedoch gerade bei der Verwendung von toten Köderfischen die Erfahrung gemacht, dass auch solche Hechte zum Anbeißen verführt werden können. Bemerke ich einen »Nachläufer«, lasse ich den Köder sofort zum Grund sinken. Meist bleibt der Hecht dann vor dem Köderfisch stehen. Nun warte ich etwa 30 Sekunden bis eine Minute und beginne dann mit einem leichten Ruck wieder Schnur aufzuspulen. Sehr häufig haben die Räuber genau in diesen Moment zugebissen. Dabei habe ich dann auch feststellen können, wie schnell auch ein relativ kleiner Hecht einen Köderfisch verschlingen kann. In früheren Jahren besuchte ich zusammen mit meiner Familie einige Male die Mörrum in Schweden zum Lachsfischen. Da ich jeweils nur wenige Lachslizensen ergattern konnte, versuchte ich mein Anglerglück auch in der Ostsee und bin dabei auf den sehr guten Hechtbestand der schwedischen Schären gestoßen. Unser Ferienhaus befand sich auf einem Grundstück direkt an der Ostsee. Die Ostsee ist im ufernahen Bereich stark verkrautet, ein idealer Lebensraum für Meister »Esox«. Wir hatten kaum unsere Unterkunft bezogen, da stand ich schon mit fertig montierter Spinnrute am Meer. »Nur mal kurz schauen ob etwas geht«, wollte ich und machte im Bereich um unser Ferienhaus einige Würfe. Schon beim 3. oder 4. Wurf hatte ich meinen ersten Biss und konnte nach kurzen Drill einen gut 8 Pfund schweren Ostseehecht landen. Auch mein Schwiegervater, von meinem Fang angespornt, konnte ebenfalls schnell einen guten Hecht landen. Während unseres Ferienaufenthalts in Schweden erbeuteten wir noch einige weitere sehr schöne Hechte. Tagesfänge von 5 bis 7 Hechten im Gewicht zwischen 3 und 12 Pfund waren nichts Besonderes. Eines Abends, es war schon dunkel geworden, wollte ich einmal sehen was sich so bei Nacht in der Ostsee abspielte. Ich begab mich auf einen kleinen Steg und suchte das ufernahe Wasser mit einem starken Handscheinwerfer ab. Was ich sah, ließ mich für Sekunden erstarren. Unter mir, im knietiefen Wasser, stand der größte Hecht den ich jemals gesehen habe, ein Unikum, mindestens 130 cm lang. Nachdem auch die anderen Mitglieder meiner Familie diesen Hechtriesen begutachtet hatten, verabschiedete sich der Riese langsam ins tiefere Wasser und entglitt unseren Blicken. Die Schärenhechte fingen wir hauptsächlich mit dem Schwimmwobbler, aber auch große Spinner waren erfolgreich. Besonders gut fingen wir mit einteiligen Rappalawobblern in der Ausführung »Regenbogenforelle« und der Größe bis 15 cm. Blinker sind im ufernahen Bereich wegen der sehr starken Verkrautung nicht zu empfehlen. Hechte werden in den Schären am besten zwischen April und September gefangen. Große Hechte ernähren sich hauptsächlich von Heringen. Sie folgen den Heringsschwärmen und sind vom Boot aus mit dem Downrigger gut zu fangen.

Tipp

Im Sommer ernähren sich die Hechte häufig von der nun reichlich vorkommenden Fischbrut. Es ist daher nur logisch es auf Hecht mal mit kleineren Köderfischen zu versuchen. Der Erfolg wird Ihnen recht geben. Besonders Forellenangler, die ihrer Beute mit kleinen Köderfischen nachstellen, haben gerade zur warmen Jahreszeit an Gewässern, die auch Hechte beherbergen, oftmals schon die Erfahrung gemacht und anstelle der erhofften Forelle einen Hecht erbeutet.

Zander sind vorsichtig

Viele Angler hatten schon die schönsten Zanderbisse, ohne zu bemerken, wer sich an ihrem Köder zu schaffen machte. Ich kenne einige Gewässer mit gutem bis sehr gutem Zanderbestand, an denen kaum oder gar nicht nach Zander gefischt wird. Das liegt häufig daran, dass der Bestand eigentlich nicht bekannt ist. Oft werden jahrelang Zander besetzt ohne dass größere Fänge verzeichnet werden. Die Zander sind halt verschwunden, so glauben viele oder der ebenfalls vorkommende Hecht hat sie verdrängt! Diese Meinung ist jedoch häufig falsch. Zander wären durchaus zu fangen, nur die richtige Methode wird nicht angewandt. Dabei ist der Zanderfang gar nicht so schwierig, wie häufig angenommen. Meist warten die Angler zu lange mit dem Anhieb oder sie verwenden zu schwere Bebleiung, oder auch Posen, die zum Zanderfischen nicht geeignet sind.

Zander sind sehr vorsichtig, spüren sie auch nur den geringsten Widerstand, lassen sie den Köder wieder los und unser Angler wird sich über einen weiteren Fehlbiss wundern. Gerade in Seen, die über einen starken Pflanzenbewuchs verfügen, werden viele Zander durch zu starke Montagen verscheucht. Hier verwende ich ausschließlich den toten Köderfisch an der Posenangel. Da Zander gerne in der Dämmerung bzw. in den ersten Nachtstunden auf Jagd gehen, ist ein Schwimmer mit Knicklicht, der gerade das Köderfischchen trägt, besonders geeignet. Ich stelle dabei die Pose so tief ein, dass der Köderfisch auf keinen Fall im Kraut verschwindet. Da Zander tagsüber gerne den tieferen Bereich unserer Gewässer aufsuchen und erst mit Einbruch der Dämmerung ins flachere Wasser kommen, suche ich mir Stellen, wo tiefes an relativ flaches Wasser angrenzt. Den Köder (meist eine fingerlange Laube oder ein Rotauge gleicher Größe) befestige ich an einem Einfachhaken der Größe 1/0 bis 4. Ich führe dabei den Haken durch das Maul des Fischchens oder befestige ihn an der Schwanzwurzel. Auch ein Aufziehen mit der Ködernadel ist erfolgversprechend. Ich führe die Nadel dabei durch das Fischmaul und fädle den Köder so auf, dass das Vorfach seitlich an der Schwanzwurzel wieder zum Vorschein kommt. Der Angelhaken ist freibeweglich am Maul. Selbstverständlich ist auch das Auffädeln durch die Schwanzwurzel sehr erfolgversprechend. Die Angelschnur kommt hierbei am Fischmaul wieder heraus und der Haken ist ebenfalls frei beweglich an der Schwanzwurzel angelegt.

Der Zanderbiss ist meist sehr vorsichtig und sehr selten ungestüm. Der Anhieb wird sofort nach dem Verschwinden der Pose gesetzt. Ein maßiger Zander hat den Köder längst so genommen, dass der Haken gut fassen kann und einen untermaßigen Fisch hätten wir ohnehin wieder zurücksetzen müssen. Im Drill entwickelt der Zander kaum große Kräfte, so dass dieser eher enttäuschend und ohne große Fluchten vonstatten geht.

Die beste Zeit zum Zanderfischen sind sicherlich die Dämmerungs- und ersten Nachtstunden. Der Fischer sollte sich in jedem Fall noch bei Tageslicht an den späteren Angelplatz begeben und die wichtigsten Utensilien wie Vorfächer, Lösewerkzeug und andere wichtige Kleinteile auf einem hellen Tuch ausbreiten. Am nächtlichen Fischwasser muss man sich noch vorsichtiger und leiser bewegen als es ohnehin beim Fischen schon nötig ist. Besonders muss darauf geachtet werden, dass man von der mitgeführten Taschenlampe nur sehr wenig Gebrauch macht, da das Taschenlampenlicht eine große Scheuwirkung hat. Auch gilt beim nächtlichen Ansitz die Regel, besser zu zweit als alleine fischen. Zander lassen sich aber an manchen Gewässern auch tagsüber oder in den frühen Morgenstunden fangen. Hierbei handelt es sich in der Regel um trübe Gewässer.

Zander gibt es auch in klaren *Baggerseen*. An einem solchen See hatte ich mein erstes Zandererlebnis. Es war mein allererster Angeltag. Gerade die Fischerprüfung bestanden, hatte ich mich zu einem Baggersee nahe Augs-

Zander lieben kleine Köderfische.

Wunderschöner Zander aus dem Lech bei Augsburg.

burg begeben. Drei Karpfen hatte ich schon gefangen und nun sollte es noch ein Hecht sein. Also wählte ich einen etwa 25 g blausilbernen »Löffel« aus und begann, den Uferbereich abzufischen. Der See war sehr klar und reichlich mit Wasserpflanzen versehen. Ich hatte wohl schon 50 Meter abgefischt, da geschah es: Ich wollte gerade den Blinker herausheben, um neu auszuwerfen, da schoss wie aus dem Nichts ein mächtiger Raubfisch aus der Tiefe des Sees und attackierte meinen Blinker. Doch gerade, als er zuzugreifen schien, drehte er ab und war auf Nimmerwiedersehen verschwunden. »Das war ein Zander«, dachte ich mir »und was für einer!« Der Fisch war nach meiner Schätzung mindestens 80 Zentimeter lang. »Schade«, dachte ich mir. Aber selbstverständlich war ich mit meiner Beute (drei schöne Siegelkarpfen) für den ersten Angeltag nach bestandener Fischerprüfung mehr als zufrieden. Später habe ich dann gezielt den »Kammschuppern« nachgestellt, anfangs in dem erwähnten Baggersee, später in den großen Lechstaustufen in der Nähe von Augsburg. Dabei musste ich feststellen, dass Zander auf Stahlvorfächer, starke Angelschnüre und größeren Widerstand beim Biss äußerst ungehalten reagieren. Im See fische ich daher hauptsächlich mit dem *toten Köderfisch an der Laufpose*. In Seen ohne großen Bodenbewuchs kann man den Köder auch direkt am Grund ohne Schwimmer anbieten. Ist der Boden weich, schiebe ich dem Fischchen ein kleines Styroporstück in das Maul, um so ein Einsinken zu verhindern. Ich verwende auch hier meine Montage mit Bebleiung am Seitenwirbel, achte jedoch peinlichst darauf, dass die Bleibeschwerung so leicht als möglich gewählt wird. Wird dem Köder kein zusätzlicher Auftrieb verschafft, kann man auch ganz auf die Beschwerung des Köders verzichten. Soll der Köder aber schwebend angeboten werden, muss er durch eine Bleibeschwerung in Grundnähe gehalten werden.

Besonders geeignet zum Zanderfang sind so genannte *Freilaufrollen*, die dem abziehenden Fisch sofort Schnur freigeben, ohne dass die Rolle geöffnet werden muss. Mit der ersten Umdrehung durch die Handkurbel der Rolle wird der Freilauf automatisch abgeschaltet und die Angelrolle gibt nur noch

Tipp

Zander rauben oft in kleineren Trupps. Nach dem Fang eines Zanders ist daher der Fang von weiteren Fischen durchaus möglich. Der schnelle Fischer hat also nach dem Versorgen eines erbeuteten Zanders durchaus die Chance auf weitere Beute

entsprechend der Bremseneinstellung Schnur frei. Als Bissanzeiger verwende ich hierzu kleine Styroporstücke, die ich oberhalb des Endringes an der Angelschnur anbringe. Bei dieser Methode erfolgt der Anhieb sofort. Auch im Fließgewässer ist diese Methode mit gutem Erfolg anwendbar, die Freilaufeinrichtung muss jedoch zusätzlich auf den Strömungsdruck eingestellt werden.

Einfache Montage mit totem Köderfisch zum Zanderangeln.

Beim Zanderfischen verwende ich ausschließlich *Rutenhalter* in Gabelform, in die die Angelrute gestellt wird. Rohrförmige Rutenhalter sind zum Zanderfischen nur bedingt geeignet. Ein sofortiger Anhieb ist nicht möglich, weil die Rute erst aus dem Halter gehoben werden muss, während bei einem Gabelrutenhalter Anhieb und Herausheben gleichzeitig erfolgen können.
Zander lieben tiefes Wasser unterhalb Stauwehren und können auch hier gut mit der Posen- und der Grundangel gefangen werden. Gerne stehen Zander am Einlauf großer Stauseen oder im alten Flussbett. Hier werden gute Fische beim *Schleppen vom Boot* aus gefangen. Auch mit der Spinnrute sind Zander gut zu fangen. Besonders *Twister* und *Gummifische* in den Farben gelb und grün, im Herbst und Winter in rötliche Farben, bringen hier den gewünschten Erfolg. Zander sind sehr sensible Fische, die uns auch nicht den kleinsten Fehler durchgehen lassen. Daher ist es besonders wichtig, die Montage so fein und sorgfältig wie nur möglich zu wählen.
Zanderruten sollten eine Länge von 270 cm bis 300 cm haben. Als Angelschnur verwende ich 0,25 mm Qualitätsschnur. Manche Spezialisten fischen noch feiner auf Zander. Da ich aber glaube, dass beim Zanderfischen immer mit einer Überraschung zu rechnen ist, halte ich eine Schnur, wie von mir verwendet, für durchaus gerechtfertigt.
Lassen sich Raubfische anfüttern? Diese Frage kann ich mit einen klaren *Ja* beantworten. Zander, aber auch der Hecht, lassen sich anfüttern und an eine Stelle gewöhnen. Besonders geeignet sind hierfür zerkleinerte Meeresfische, aber auch Weißfische. Ich füttere einige Tage mindestens zwei Stellen mit zerkleinerten Fischen an. Erst dann beginne ich die Stellen zu befischen und hatte bisher auch immer Erfolg an meinen »Futterstellen«.

Welse (Waller) brauchen kräftige Ausrüstung

Immer mehr Angler spezialisieren sich auf eine oder nur wenige Fischarten. Auch der Wels hat seine besonderen Liebhaber gefunden.
In Spanien am Ebro und in Italien am Po sind in den letzten Jahren einige für die Wallerfischerei ausgelegten so genannte »Wallercamps« entstanden. Die Chance, einen wirklich kapitalen Wels zu fangen, ist hier besonders gut. Ebenso werden in Russland, in Ungarn und im rumänischen Donaudelta immer wieder sehr große Welse mit der Angel gefangen. Aber auch die heimischen Gewässer bieten gute Chancen einen Großwels zu landen. Der Rhein, die Donau, einige ihrer Zuflüsse und eine Reihe weiterer deutscher Flüsse beherbergen einen zum Teil hervorragenden Welsbestand.
Aufgrund der Größe der zu erwartenden Beute benötigt man zum Welsfischen eine besonders kräftige Ausrüstung, Eine *große Stationärrolle*, die mindestens zweihundert Meter Angelschnur von etwa 15 kg Tragkraft aufnehmen kann, ist notwendig. Selbstverständlich muss auch die Rute entsprechend kräftig sein, um den Kampf mit einem möglicherweise über 100 Pfund schweren Fisch zu bestehen. Die besten Monate zum Welsfang sind hauptsächlich die warmen Sommermonate, aber auch von Fängen in Herbst und Winter wird immer wieder berichtet. Die beste Tageszeit sind unbestritten die Abend- und Nachtstunden. Als Köder verwenden wir größere Köderfische und besonders auch Wurmbündel, die an einem kräftigen Drilling befestigt werden.
Ein Stahlvorfach ist beim Welsfischen nicht notwendig. Den Köder bieten wir direkt am Grund oder in Grundnähe an. In Seen oder sehr langsam fließenden Gewässern kann auch die Posenangel verwendet werden.
Der *Drill* eines großen Welses ist sehr spannend und langwierig. Welse versuchen nach dem Anbiss ihren Unterstand zu erreichen, wo sie sich gerne festsetzen und häufig verloren gehen. Viele Angler landen den Wels mit dem so genannten Wallergriff; dabei greift man dem Wels mit einem speziellen Griff ins geöffnete Maul und landet ihn dann per Hand. Anfängern ist diese Art der Landung nicht zu empfehlen. Besser ist hier schon ein sehr großer Kescher, das Gaff oder das Stranden des Fisches. Der Handel bietet für die Landung mit dem Wallergriff einen speziellen Handschuh an. Wer jedoch jemals das geöffnete Maul eines über 50 Pfund schweren Welses gesehen hat, wird sich diese Art der Landung gründlich überlegen.

Solche Fische, wie dieser kapitale Waller, lassen sich nur noch im Knien präsentieren.

Immer wieder werden Welse auch tagsüber mit *großen Wobblern, Blinkern* und *Spinnern* sowie toten Köderfischen am System gefangen. Sicherlich ist dies eine gute Möglichkeit, die man durchaus am Fischwasser versuchen sollte. Wenn sich dann anstelle des erwarteten Welses ein guter Hecht oder Zander an unserem Köder vergreift, ist wohl kein Angler traurig. Manchmal hat der Angler das Glück, einen großen Wels beim Rauben zu beobachten oder bei Nacht einen Wels an der Oberfläche zu hören.
Vor einigen Jahren besuchte ich mehrmals die Wörnitz (einen Zufluss der Donau) zum Aalfischen. Die Wörnitz hat einen bekanntermaßen guten Aalbestand aber auch einen erwähnenswerten Welsbestand. Einige sehr schöne Aale hatte ich bereits erbeutet, als ich eine rund zwei Pfund schwere Brachse landete. Ich löste den Fisch vom Haken und entließ ihn dann wieder in das Gewässer. Die Brachse schwamm einige Meter an der Oberfläche und dann geschah es: Ein großer Waller durchbrach die Oberfläche, schnappte sich mit einem lautstarken Schwall die Brachse und war genau so schnell verschwunden, wie er aufgetaucht war. Da stand ich nun und musste erst einmal verdauen, was gerade geschehen war. Selbstverständlich baute ich, nachdem ich mich wieder gefangen hatte, meine stärkste Rute, die ich mitführte, zum Welsfischen um und versuchte den großen Fisch mit einen Tauwurmbündel zum Anbiss zu verleiten. Aber der Wels ließ sich an diesem Abend nicht mehr sehen. Wahrscheinlich genügte ihm die Brachse als Abendessen für diesen Tag.

Tipp

Um Bisse von Schleien und Aalen beim Welsfischen mit Tauwurm zu verhindern, muss man unbedingt große Einfachhaken oder Drillinge (mindestens Größe 1/0, besser jedoch 2/0 und größer) verwenden.

Barsche beißen heftig

Der kleine Bruder des Zanders ist an sehr vielen Gewässern anzutreffen. Selbst das Brackwasser der Ostsee beherbergt den Barsch. Der Fang des Barsches ist recht einfach. Barsche lassen sich sehr gut an leichter Grund- oder Posenangel zum Anbiss verleiten.
Als Köder eignen sich *Tau- und Mistwürmer* sowie *Maden*. Da der Barsch ein Raubfisch ist, können selbstverständliche auch *kleine Köderfische* guten Erfolg bringen. Barsche beißen heftig und schlucken den Köder schnell. Meist wird er als Beifang beim Fischen auf andere Fischarten gefangen. Besonders geeignet für Barsch ist die Fischerei mit kleinsten Twistern und Spinnern an sehr feinem »Zeug«. Während der Sommermonate werden sehr viele fingerlange Barsche gefangen, die dann häufig den Köder tief »geschluckt« haben und nicht mehr lebensfähig sind. Diese kleinen Barsche sind hervorragende Köder zum Raubfischangeln und werden von mir auch gerne hierzu verwendet. Das Barschfleisch ist sehr schmackhaft und so wird dem Barsch vielerorts gezielt nachgestellt. Ein besonders ertragreiches »Barschgewässer« ist der Bodensee, wo der Barsch als Delikatesse gehandelt

Auch kleine Wobbler fangen ihren Barsch.

wird. Größere Barsche sind Einzelgänger und können Gewichte bis zu 2500 g erreichen. Doch, Barsche dieser Größe sind leider die Ausnahme. Als besonders vielversprechende Angelstellen gelten so genannte Barschberge (Erhöhungen im See) sowie der Flachwasserbereich in Seen und Staustufen. Gerne lauern sie unter ins Wasser hängenden Büschen und Totholz. In Fließgewässern kann man den Barsch an allen nur erdenklichen Stellen finden. Seine gezielte Befischung ist besonders am Bodensee traditionell und sehr beliebt. Der Barsch ist gerade im Schweizer Teil des Bodensees ein sehr wichtiger Brotfisch der Berufsfischer aber auch einer der wichtigsten Zielfische der Hobbyangler. Vom treibenden oder verankerten Boot aus werden dort mittels spezieller »Hegene« gute Barschfänge über den so genannten Barschbergen getätigt. Die Schwierigkeit bei dieser Art der Fischerei liegt dabei lediglich am Auffinden fangträchtiger Angelstellen. Der Gastangler ist leider auf die freundliche Mithilfe eines ortsansässigen Petri-Jüngers angewiesen oder kann, wenn erlaubt und vorhanden, mit Hilfe eines Echolotes (Fischfinder) die geeigneten Stellen ausfindig machen. Für manche größere Gewässer gibt es gute Tiefenkarten, die beim nächsten Angelgerätehändler oder bei der Kartenausgabestelle erhältlich sind. Unter Zuhilfenahme solcher Tiefenkarte können die Barschberge und damit die Barsche relativ leicht gefunden und befischt werden. An großen Stauseen befinden sich neben den oben erwähnten Stellen außergewöhnlich gute Fangplätze im Bereich ehemaliger gesprengter oder überfluteter Wehranlagen. Wohl dem, der solch ein Gewässer noch im ursprünglichen Zustand kannte und die Top-Stellen daher leichter finden kann. Wer diesen Vorteil nicht auf seiner Seite hat, jedoch ein Angelboot sein eigen nennt, sucht mit der Schleppangel nach den Barschen. Dabei wird in Grundnähe ein kleiner Blinker, Wobbler, Köderfisch oder Tau- bzw. Mistwurm geschleppt. Haben wir den ersten Barsch gefangen, merken wir uns den Fangplatz und befischen die Stelle intensiv weiter mit der Schlepprute oder aber mit einer »Barschhegene«. Auch das »Zocken« mit kleinen Twistern und Gummifischen kann dann sehr schnell weitere Fänge bringen. Man muss den Barsch nur finden, dann ist sein Fang meist kein Problem. An manchen Flüssen haben sich in den letzten Jahren die Bestände sehr gut entwickelt. Nicht selten handelt es sich hierbei um Flüsse, deren natürlicher Verlauf verändert und von einer Vielzahl Stauseen durchzogen wurde. Andere Gewässer haben stark »verbuttete« (durch zu starkes Aufkommen nur noch sehr kleinwüchsige Fische) Barschbestände, deren Befischung kaum mehr interessant ist. Leider neigen gerade die Barsche häufig zur Verbuttung, was zur Folge hat,

Ein Barsch dieser Größenordnung ist durchaus als kapital zu bezeichnen.

dass auch erwachsene Fische kaum eine Länge von mehr als 10 bis 15 cm erreichen. Unser heimischer Flussbarsch ist sehr häufig der erste »echte Raubfisch«, dem wir im Laufe unseres Anglerlebens begegnen und gar nicht zu selten ist sein Fang der erste Schritt zum erfolgreichen Raubfischspezialisten.

Aalfang und Mondlicht

Der Aal ist ein heimlicher Geselle, der nachts auf Nahrungssuche geht. Nur selten ist der Fang von Aalen am Tage möglich. Ich selbst hatte jedoch schon einige Male das Glück, erfolgreich auch am Tage auf Aal zu fischen. Gute Aussichten bieten hier Fließgewässer, die nach oder während eines Hochwassers noch sehr trübes Wasser führen. Bisher konnte ich nur einen einzigen Aal in einem klaren Gewässer am Tage überlisten. Dieser Aal hatte es aber in sich; denn es war mein bisher größtes Exemplar und mit gut 5 Pfund auch für den Lech ein sehr guter Aal. Gefangen habe ich diesen Aal an einem Augusttag bei klarstem Niedrigwasser zur Mittagszeit mit einem kleinen Mistwurm! Aber solche Fänge sind nicht die Regel.
Die wohl besten Fangzeiten für Aale dürften die *Nachtstunden* und die *Morgen- und Abenddämmerung* sein. Aale sind keinesfalls Aasfresser. Die Palette

Der Anfang einer hoffentlich guten Aalnacht ist gemacht.
Der erste massige Aal ist gelandet.

Die Aalglocke, akustische Bissanzeige für die Nacht.

der einsetzbaren Köder ist sehr groß. Selbst habe ich schon Aale beim Karpfenfischen mit Teig und Mais erbeuten können. Zu den besten Ködern für Aal gehören aber unumstritten der tote Köderfisch und der Tauwurm. Aale beißen im See weit vorsichtiger als in Fließgewässern. Ähnlich wie beim Zanderfischen verwende ich zum Aalfischen nur leichte Leuchtposen oder eine leicht beschwerte Grundmontage.

Beim Fischen im See lege ich die Rute in eine oder zwei Rutenhalter bei geöffneter Rolle ab. Als Bissanzeige dient mir ein kleines Styroporstückchen oder etwas Silberpapier, welches ich an die Angelschnur oberhalb des Endringes klemme. Die Schnur wird mit einem kleinen Steinchen oder etwas Teig am Boden fixiert, so dass beim kleinsten Widerstand die Angelschnur freigegeben wird und der Aal ohne Widerstand Schnur abziehen kann. Anders als beim Zanderfischen gebe ich dem Aal etwas Zeit den Köder zu fressen und setze dann denn Anhieb. Nun muss versucht werden, den Fisch schnellst möglich zu landen, da er sich sonst leicht festsetzen könnte und so möglicherweise noch verloren geht.

Im Fluss verwende ich ausschließlich die Grundbleimontage, wobei das Gewicht des Bleies entsprechend der Strömung ausgewählt wird. Mein Topköder für *Fließgewässer* ist der Tauwurm. Die Angelrute wird schräge

zur Strömung in einen Rutenhalter abgestellt. Als Bissanzeige verwende ich ein sogenanntes *Aalglöckchen*, welches beim Anbiss akustisch anzeigt, dass sich ein Aal an unserem Köder zu schaffen macht. Der Anbiss erfolgt oft sehr heftig und kann sofort mit dem Anhieb beantwortet werden.
Auch hier sollte der *Drill* möglichst schnell beendet werden, da der Aal sonst versuchen wird sich an allen möglichen Hindernissen im Wasser festzusetzen. Zuweilen werden beim Aalfischen auch andere Fische, wie z. B. Waller, Zander, Karpfen, Weißfisch und sogar Hechte erbeutet, was diese Art der Fischerei noch spannender macht. Da wir auf Aal in der Regel nachts fischen, sollten wir unsere benötigten Angelutensilien griffbereit am besten auf einem weißen Tuch ausbreiten, um unnötig langes Suchen und Hantieren mit der Taschenlampe zu vermeiden.
Als gute Angelplätze für Aale können in Fließgewässern die Bereiche *unterhalb von Wehren*, tiefe langsam fließende *Rinnen*, *Wurzelwerk* und *versunkene Bäume*, unter *Brücken* und *Sträucher* sowie der Bereich entlang von *Steinbauten* genannt werden. Im See werden die Aale an tiefen dunklen Stellen, an Stegen, im Bereich von Krautbänken und Seerosenfeldern häufig gefangen. In vielen Regionen ist mittlerweile der Aalbesatz in Fließgewässer verboten (z. B. weite Bereiche Bayerns) und der bisher getätigte Aalbestand nimmt durch Befischung und Abwanderung sehr stark ab. Einige Angler träumen von der guten alten Zeit, wo Aalfänge von mehr als zehn Exemplaren pro Nacht keine Seltenheit waren. Doch gibt es auch heute noch Gewässer, in denen wirklich gutes bis sehr gutes Aalfischen immer noch möglich ist (wie z. B. Elbe, Weser, Ostsee).
Einige Vereine haben zwischenzeitlich auch Baggerseen mit Aalen besetzt, was auch gute Fangergebnisse erwarten lässt. Aber natürlich weisen auch die Fließgewässer, in die früher Aale besetzt wurden, noch immer gute Fangmöglichkeiten auf, jedoch die Möglichkeit »Aalstrecken« von zehn und mehr Fischen zu erbeuten ist seltener geworden.

Tipp

Versuchen Sie niemals einen Aal zu Keschern; denn dies würde unweigerlich zu Verknotungen führen, die sich nur sehr schwer wieder lösen lassen. Ähnlich verhält es sich beim Lösen des Angelhakens. Wer keinen Aalknoten ums Handgelenk möchte schneidet das Vorfach unmittelbar am Haken ab.

Aalruttenfang im Winter

Was der Aal für viele Nachtfischer im Sommer ist, kann die Aalrutte für den wetterbeständigen Fischer im Winter werden. Während wir Aale hauptsächlich in den warmen Sommermonaten nachstellen und fangen, ist die Hauptfangzeit der Aalrutten auf die Winterzeit beschränkt. Nur manchmal, wenn die Flüsse im Sommer durch starkes Hochwasser sehr trübes Wasser führen, ist der Fang von Aalrutten auch zu dieser Jahreszeit manchmal sogar auch tagsüber möglich. Die beste Fangzeit ist jedoch der *Winter.* Von November bis Anfang März versammeln sich die Rutten oft in großen Mengen *unterhalb von Wehren* und sind dann mit ähnlichen Methoden und Montagen wie der Aal zu fangen. Meine erste Begegnung mit der Aalrutte war eher zufällig. Ich fischte unterhalb eines Wehres am Lech an einer Steinaufschüttung auf Hecht, mit totem Köderfisch am System. Das Wasser war jahreszeitlich bedingt sehr klar und der Wasserstand niedrig. Im klaren Wasser konnte ich direkt unter mir einige sehr schöne Aalrutten ausmachen, die sich dann jedoch sehr schnell unter Steinen versteckten. Ich legte meinen Köder direkt unter das Schlupfloch und konnte so in kurzer Zeit vier schöne Aalrutten erbeuten. Dieser Erfolg beflügelte mich, dem Gewässerabschnitt auch einmal abends einen Besuch abzustatten. Tatsächlich konnte ich nach Einbruch der Dämmerung einige Male ansehnlich Beute machen. Dabei hat sich herauskristallisiert, dass der Tauwurm, an einer Grundbleimontage, der mit Abstand beste Köder ist.

Das Beißverhalten der Aalrutten ist im Fluss ähnlich dem des Aales, jedoch ist die Gegenwehr der Rutte im Drill wesentlich geringer. Es ist darauf zu achten, den Anhieb schnell zu setzten, da sich die Fische gerne mit der Beute in ihren Unterstand zurückziehen.

Viele Angler sind sich der Aalruttenbestände in ihren Gewässern gar nicht bewusst. Als ich vor kurzer Zeit an einigen Elektrofischen teilnehmen konnte, kam an einem Fluss der Äschenregion ein Bestand von Aalrutten zutage, der an Anzahl und Größe der Fische jeden der Teilnehmer des Elektrofischens überraschte. Ja selbst an einem kleinen, kaum 50 cm breiten und oft nur 20 cm tiefen Forellenbach, aus dem Besatzforellen entnommen werden sollten, kamen einige bis zu drei Pfund schwere Aalrutten zutage. Sicherlich ist die Nachtfischerei gerade im Winter nicht jedermanns Sache und so bleiben die Aalrutten vielerorts unentdeckt. Jedoch an einigen

Mit etwas Glück lassen sich bei Nacht gute Strecken von Aalrutten fangen.

Gewässern, wie z. B. dem Walchensee in Oberbayern, der bekannterweise einen sehr guten Aalruttenbestand aufweist, wird die Fischerei auf die Rutten mit großem Erfolg praktiziert. Ich jedenfalls bin der Meinung, dass ein Versuch am heimischen Fluss durchaus lohnenswert sein kann und so schon mancher gute Bestand an Aalrutten entdeckt wurde.

Sommerzeit ist Karpfenzeit

Der Karpfen ist einer unserer beliebtesten Speise- und Angelfische. Etliche Angler haben sich auf seinen Fang spezialisiert, ja teilweise sogar eigene Vereine oder Gruppen gebildet. Viele unserer heimischen Angelgewässer, ob See, Teich oder Fließgewässer beherbergen den Karpfen und so ist es nicht verwunderlich, dass auch der Neuling bald auf den Karpfen als Angelfisch stoßen wird.

Auch bei mir war es nicht anders. Frisch ausgestattet mit dem staatlichen Fischereischein habe ich meine ersten anglerischen »Gehversuche« an einem rund 16 Hektar großen Baggersee mit gutem Karpfenbestand machen dürfen. Dabei kann ich mich noch sehr gut an meinen ersten Angeltag erinnern. Früh am Morgen hatte ich mich, bewaffnet mit zwei Handangeln, mit meinem Fahrrad aufgemacht, um an dem nahegelegenen Baggersee meine ersten Fische zu fangen. Meine Montage war denkbar einfach. Direkt an das Ende der Angelschnur hatte ich einen kleinen Drilling montiert. Auf Vorfach, Wirbel und zusätzliche Beschwerung verzichtete ich gänzlich. Als Köder verwendete ich damals Teig aus frischen Semmeln, der als Wurfgewicht ausreichend war. Auf zwei Astgabeln legte ich die Rute mit den Ködern ab. Die Rolle war geöffnet, die Angelschnur mit einem kleinen Teigbatzen am Boden festgeklemmt und als Bissanzeige oberhalb der Rutenspitze befestigte ich ein kleines Styroporstück. Nun konnte es also losgehen; und so wartete ich voller Spannung auf den ersten Biss. Lange brauchte ich nicht zu warten, nach kurzer Zeit begann das Styroporstück Richtung Seemitte zu wandern. Ich ergriff die Angelrute, schloss den Schnurfangbügel meiner Rolle, spannte die Angelschnur und setzte den Anhieb. Nach kurzem Drill konnte ich meinen ersten rund vier Pfund schweren Spiegelkarpfen über den Kescher führen. Das Fanglimit von drei Karpfen hatte ich an diesem Tag schnell erreicht. Noch viele erfolgreiche Angeltage konnte ich an diesem Gewässer verbringen. Sicherlich ist die Fischerei auf Karpfen im See ohne Bleibeschwerung sehr erfolgreich. Der Fisch spürt beim Anbiss keinerlei Widerstand und nimmt so den ausgelegten Köder leichter auf.

Als Köder kommen zur Karpfenfischerei allerlei *Teigsorten*, Mais, Frolic, Tauwürmer und auch kleinere Würmer in Frage. Der Köder sollte dabei so am Haken befestigt werden, dass die Hakenspitze für den Fisch unsichtbar bleibt. Im Fluss ist die Fischerei ohne Bleibeschwerung oft nicht möglich.

Kapitaler Sommerkarpfen.

Hier gilt der Grundsatz: So viel Blei verwenden wie unbedingt nötig. Je weniger Blei desto weniger Wiederstand empfindet der Fisch beim Anbiss. Natürlich ist die Fischerei auf Karpfen auch unter Verwendung einer Pose sehr erfolgreich. Hier ist jedoch darauf zu achten, dass der *Köder immer am Grund* oder in Grundnähe angeboten wird. Der Anhieb erfolgt erst, wenn die Pose sichtbar unter Wasser gezogen wird. Im Sommer habe ich sehr häufig »grundelnde« Karpfen (am Gewässergrund nach Nahrung suchende Karpfen) beobachtet. Auch diese Fische sind fangbar, es ist jedoch höchste Vorsicht geboten. Jeder vermeidbare

Mais an Posenmontage präsentiert – einfach aber fängig zum Karpfenfischen.

Lärm und jede unnötige Bewegung sind zu unterlassen. Auch sollte man den grundelnden Fisch nicht direkt anwerfen, sondern den Köder einige Meter über den Fisch werfen und ihn dann langsam in die Nähe des oder der Karpfen bringen. Oft nehmen die Karpfen den angebotenen Köder schnell auf und werden eine leichte Beute für den Fischer.
Leichtes bis mäßiges *Anfüttern* mit dem Köder, der später auch den Angelhaken bestückt, trägt sicherlich auch dazu bei, unsere Fangchancen zu erhöhen. Durch Anfüttern werden die Fische auf den Angelplatz aufmerksam gemacht und an den Angelköder gewöhnt. Zu viel Anfüttern kann jedoch dazu führen, dass die Fische schon satt durch unser Futter sind und kaum

Ob wohl bald einer anbeißt?

Tipp

Am Grund nach Nahrung suchende Karpfen verraten sich häufig durch Staubwolken und aufsteigende Gasblasen. Solche »gründelnde« Karpfen kann man dann mit einem gezielten Wurf und am Gewässergrund angebotenem Köder bestens fangen.

noch Beißlaune zeigen. Gerade während der warmen Jahreszeit sieht man oft Karpfentrupps an der Oberfläche herumzeihen oder verharren. Auch diese Fische, die mit der Grundangel nicht mehr fangbar sind, können manchmal *mit einem kleinen Trick* noch zum Anbiss verleitet werden. Man benötigt hierzu eine *Wasserkugel* und ein ca. 1,5 bis 2 m langes Vorfach. Als Köder wird Schwimmbrot, Toastbrot oder einfach nur ein kleines Stück einer Semmel verwendet. Die Wasserkugel wird entsprechend der zu erreichenden Wurfweite mit Wasser befüllt (sie muss aber in jedem Fall noch schwimmen) und der Köder wird an einem Einfachhaken befestigt. Auch hier wird der Karpfen nicht direkt angeworfen, um den Fisch nicht zu verscheuchen. Langsam ziehen wir nun die Wasserkugelmontage in Richtung Karpfen und lassen den Köder in der Nähe der erhofften Beute an der Oberfläche liegen. Nicht selten wird nun einer der »Oberflächenkarpfen« unseren Köder bemerken und mit etwas Glück einschlürfen. Der Anhieb wird sofort gesetzt und der Drill kann beginnen.

Gerade *morgens und abends* ziehen die Karpfen in kleinen Trupps auf der Suche nach Nahrung am Ufer entlang und können relativ leicht gefangen werden. Weite Würfe sind hierbei meist nicht nötig. Jedoch gilt es absolute Ruhe am Angelplatz zu halten, um die Fische nicht zu verscheuchen.

Karpfen lieben warme Seen und langsam fließende Gewässer. Ich selbst habe jedoch schon sehr erfolgreich in starker Strömung bzw. direkt unter einem Wasserfall auf Karpfen gefischt. Einmal konnte ich im Lech direkt unterhalb einer Wehrwalze eine größere Anzahl von Spiegelkarpfen ausmachen und auch erfolgreich befischen. Da die Karpfen dämmerungs- und nachtaktive Fische sind, besteht auch die Möglichkeit, beim Aalfischen an einen Karpfen zu geraten. Gezieltes Nachtfischen auf Karpfen ist vielerorts verboten, würde aber mit Sicherheit guten Erfolg bringen. Obgleich der Karpfen ein richtiger Sommerfisch ist, habe ich auch schon im Winter den einen oder anderen schönen Karpfen erbeuten können. Die Hauptfangzeit der Karpfen liegt jedoch in den wärmeren Monaten des Jahres.

Neben den bereits erwähnten Karpfenarten leben in vielen unserer Fischgewässer die bei etlichen Anglern immer beliebter werdenden **Grasfische** *(Amur, Silber- und Marmorkarpfen)*, die wir daher auch nicht unerwähnt lassen wollen. Diese aus Ostasien eingeführten Pflanzenfresser wurden vielerorts als Unterwassermähmaschine eingesetzt, um den teilweise sehr starken Pflanzenbewuchs, der an manchem Gewässer herrschte, Herr zu werden. Leider wurden so einige Gewässer fast »hindernissfrei« gefressen, was wohl kaum gewollt war. Durch Verschwinden der Wasserpflanzen verschwanden leider auch wichtige Fischnährtiere sowie Laichplätze und Versteckmöglichkeiten für die Fischbrut, was zu einer ernst zu nehmenden Gefährdung vieler heimischer Fischarten und Bestände führte. Lange Jahre galten Grasfische zudem als unfangbar oder waren von den Gewässerbewirtschaftern besonders geschont und durften nicht gefangen werden. Mittlerweile haben jedoch die meisten Fischwasserbesitzer bzw. Bewirtschafter die Fehler der Vergangenheit beim Besatz mit Grasfischen erkannt, die Besatzmaßnahmen eingestellt und die Grasfische zur Befischung freigegeben.

Durchaus vorzeigbar, ein Grasfisch von gut 20 Pfund Gewicht.

Die Grasfische sind derweilen zu waren Monsterfischen abgewachsen und alleine schon wegen ihrer beeindruckenden Größe sehr beliebte Angelfische geworden. Besonders schwierig im Zusammenhang mit dem möglichen Fang eines Grasfisches ist das Fressverhalten dieser kapitalen Cypriniden (karpfenartige Fische). Grasfische fressen hauptsächlich Wasserpflanzen und mit Vorliebe die jungen Triebe dieser Pflanzen. Ihr Fang bedarf daher einer besonderen Strategie. Ein Blick in die Hitparadenliste diverser Angelzeitschriften gibt uns Auskunft über die rechten Köder zur Pirsch auf kapitale »Graser«. Schnell wird klar, dass ähnliche Köder, wie zum Fang von Schuppen- oder Spiegelkarpfen verwendet, auch hier der Schlüssel zum Erfolg sein werden. Besonders Brotköder bzw. Semmelstücke, Toastbrot oder Schwimmbrot an der Wasserkugel angeboten, bringen den gewünschten Erfolg. Ebenso sind schwebende Brotstücke, knapp unter der Wasseroberfläche dargereicht, ein sehr guter Köder. Dabei wird über eine Grundbleimontage der Köder an einem entsprechend langen Vorfach (je nach Wassertiefe) schwebend angeboten. Der große Vorteil dieser Montage besteht darin, dass sich die gesamte Angelschnur unter Wasser befindet. Die Grasfische werden nicht durch im Oberflächenfilm befindliche Angelschnur gestört und nehmen den Köder oft ohne jeden Argwohn. Selbstverständlich ist es jederzeit möglich mittels dieser Montage auch den Köder direkt an der Oberfläche anzubieten, es ist lediglich eine entsprechende Verlängerung der Vorfachleine notwendig. Selbsterklärend ist, dass diese Montage über Grundblei nur in relativ seichten Gewässern gefischt werden kann. Eine Vorfachlänge von über drei Metern ist kaum noch auszuwerfen. An tieferen Gewässern ist die Wasserkugel oder das Fischen direkt am Grund mit Maisködern sowie über Grund schwebende Semmel- und Brotköder eine gute Alternative. Neben Brot- und Semmelködern werden auch gerne Salatherzen oder gar ganze Salatköpfe zum Fischen auf kapitale »Graser« verwendet. Manche Spezialisten verwenden Löwenzahn und anderes Grünzeug und dies durchaus erfolgreich zum Fang großer Grasfische.

Selbstverständlich muss die Ausrüstung der zu erwartenden Beute angepasst sein, da es sich bei unserem Zielfisch um einen kampfstarken Fisch handelt, der 30 Pfund Gewicht leicht übertreffen kann. Starke Karpfenruten um die drei Meter Länge mit Rollen versehen, die reichlich 200 Meter 0,35 Qualitätsschnur fassen, sind gerade richtig. Der Fang von Grasfischen ist ungemein spannend besonders wenn sich einer der ganz großen anschickt, den Köder direkt vor unseren Augen einzuschlürfen.

Schleien am Abend ...

Die Schleie ist einer unserer schönsten Süßwasserfisch, der sich durchaus an der Angel zu wehren weiß. Zudem ist ihr Fleisch sehr schmackhaft, was sie zu einem sehr begehrten, aber nicht leicht zu erbeutenden Angelfisch macht. Sie liebt *sommerwarme, krautreiche Gewässer*, wie ältere Baggerseen und Altarme von Fließgewässern. Viele Angler haben beim Ansitz auf Karpfen schon Kontakt mit der äußerst vorsichtigen Schleie gehabt. Sie spielt gerne lange Zeit mit unserem Angelköder, ohne diesen entscheidend zu nehmen. Dies liegt nicht selten an dem für die Karpfenfischerei gewählten zu »groben« Gerät. *Leichte, schlanke Schwimmer* sind daher für die Schleie erste Wahl.

Beste *Angelplätze* stellen Lücken im Krautteppich, versunkene Sträucher sowie Stellen, direkt unterhalb ins Wasser ragender Büsche und Bäume dar. Als Köder für die Schleie eignen sich besonders *Rotwürmer* (Dentropenas), kleinere *Tauwürmer* und *Dosenmais*. Leichtes Anfüttern kann den Fang-

Schöne Schleie im Drill.

> **Tipp**
>
> Besonders aktiv sind die Schleien während der Abenddämmerung, die daher als beste Fangzeit gerade für große Schleien gilt.

erfolg wesentlich verbessern. Aber auch hier gilt die Regel wie beim Karpfenangeln: Lieber zu wenig als zu viel anfüttern. Die Hauptangelzeit für die Schleie sind die warmen Sommermonate. Sie verschlechtert sich mit den ersten kalten Nächten im September wesentlich. Haben wir das Interesse einer Schleie für unseren Köder geweckt, beginnt oft ein wahres Geduldsspiel. Nur sehr selten nimmt die Schleie den Köder sofort. Meist spielt sie lange mit unserem Köder herum, was sich durch Zupfen und leichtes Herumwandern der Pose bemerkbar macht. Irgendwann aber entscheidet sie sich, den Köder zu nehmen oder zu verschmähen. Nimmt sie den Köder, taucht die Pose ab und der Anhieb kann gesetzt werden.
Selbstverständlich kann die Schleie auch mit der *Grundangel* gefangen werden. Auch hier ist darauf zu achten, die Montage so leicht wie möglich zu wählen und die Bissanzeige so anzubringen, dass der Fisch keinerlei Wiederstand spürt. Auch bei der *Posenfischerei* sollte die Montage so leicht wie nur möglich gewählt werden und der Köder immer am Grund oder in Grundnähe angeboten werden. Ein besonderes Erlebnis mit Schleien hatte ich vor vielen Jahren am Lech. Ich fischte mit Mistwurm in einem Wehrschuss und konnte innerhalb kurzer Zeit zwei jeweils etwa zwei Pfund schwere Schleien fangen. Besonders interessant jedoch war die Tatsache, dass der Angelhaken bei der zweiten Schleie nicht im Maul gefasst hatte, sondern sich der Haken am Vorfach verfangen hatte und so eine lassoähnliche Schlaufe bildete, die sich um den Kopf der Schleie gelegt hatte und der Fisch so keine Chance zum Entkommen hatte. Wie es zur Bildung einer solchen Schlaufe kommen konnte ist mir auch heute noch ein Rätsel.

Brachse, Barbe und andere Weißfische

Viele Angler bevorzugen den Fang der sogenannten »Edelfische« und erbeuten »Weißfische« meist nur als ungebetenen Beifang. Dabei kann der Fang der vorsichtigen Aitel oder der sehr kampfstarken Barben durchaus abwechslungsreich und interessant sein. Zudem sind viele so genannte Weißfische sehr schmackhaft und bedürfen wegen ihres grätenreichen Fleisches nur der richtigen Zubereitung.

Die **Barbe** ist ein strömungsliebender Fisch und wird hauptsächlich an der Grundangel gefangen. Als *Köder* eignen sich zu ihrem Fang Tauwürmer, Maden, Dentropenas sowie Käse, aber auch an kleinen Köderfischen, Spinnern und Wobblern wurden schon Barben gefangen. Sie wehrt sich sehr heftig und der *Drill* in starker Strömung verlangt einiges von unserem Angelgerät. Gerne halten Barben sich direkt unter *Wasserfällen* oder in stark

Auch in der kalten Jahreszeit lassen sich solche Brachsen überlisten.

Tipp

Besonders bei den auf Seite 93 genannten Fischarten sollte man eine sehr leichte Montage wählen und auch bei der Hakengröße kann man hier einige Nummern kleiner wählen. Als Köder eigenen sich die bei den anderen Friedfischen aufgeführten Köder sowie unterschiedliche Teigvarianten.

durchströmten Rinnen auf. Barben leben in der Regel in Gruppen, daher ist der Fang von mehreren Fischen immer möglich.
Auch die listige **Aitel** lebt gerne in Gruppen. Ihr Fang ist jedoch bedeutend schwieriger als der der Barbe. Absolute Vorsicht ist geboten. Ist der Fischer einmal von der Aitel entdeckt worden, beißen sie nur noch sehr vorsichtig, wenn überhaupt. Auch die Aitel lässt sich im Fluss am besten mit der *Grundangel* befischen. Als *Köder* eignen sich hier besonders Tauwürmer, Dentropenas, Mais, Maden, Käse und kleine Fische.
Im langsam fließenden Wasser lassen sich Barbe und Aitel auch sehr gut an der Posenangel erbeuten. Hier wird, ähnlich wie bei der Fischerei auf Forellen im Fluss, verfahren. Leider ist die Aitel kein großer Kämpfer und gibt sich schnell nach kurzem Drill geschlagen.
Ebenso wie Barbe und Aitel zählt die **Brachse** zur Beute der Flussangler. Auch sie lässt sich auf gleiche Weise wie Barbe und Aitel befischen. In Seen werden Brachsen oft an der Posenangel als Beifang erbeutet. Eigenartig ist ihr unverkennbares Beißverhalten. Bei einem Biss taucht die Pose nicht ab, wie bei den meisten anderen Fischen, sondern sie legt sich auf die Wasseroberfläche, was mit dem sofortigen Anhieb quittiert wird. Besonders in Seen und langsamen Fließgewässern eignet sich die Verwendung eines *Futterkorbes* oder einer Futterspirale bei der Fischerei auf Friedfische. Die Futterspirale wird mit Lockmittel gefüllt und dann direkt an der Hauptschnur angebracht. Nach dem Auswerfen wird so Lockfutter in der Nähe unseres Angelköders freigegeben, was den Fangerfolg durchaus positiv beeinflussen kann.
Die **Nase** liebt schnelles Wasser, oft ist sie in größeren Gruppen direkt unterhalb von Wehren anzutreffen. Sie ist ein reiner Grundfisch. Es ist daher wichtig, den Köder auch bei stärkerer Strömung direkt am Grund anzubieten. Leichteste Posen oder Grundbleimontagen mit sehr kleinen Haken kommen zur Anwendung. Als *Köder* sind kleine Mistwürmer, aber besonders

Flocken aus frischen Semmeln sowie Maden geeignet. Dass die Nase ein großer Kämpfer ist kann ich aus meiner Erfahrung nicht bestätigen. Meist gibt sie sich nach kurzem Drill sehr schnell geschlagen. Das Fleisch der Nase eignet sich hervorragend zur Herstellung von Fischküchlein.
Rotaugen, **Rotfeder** sowie **Lauben** sind ein sehr häufiger Beifang bei der Fischerei in Fluss und See. Sie sorgen gelegentlich dafür, dass es zwar an der Angel »zupft« aber kein Fisch nach dem Anhieb am Haken hängen bleibt. Meist liegt dies am zu großen Haken aber auch an der Ködergröße, welche die oft nur fingerlangen Fischchen nicht bewältigen können. Manche Gewässer beherbergen jedoch einen Bestand an diesen Fischen, bei dem auch wesentlich größere Exemplare nicht selten sind und eine direkte Befischung durchaus interessant ist.

Gerade unterhalb von Mühlen und Wehren befinden sich aussichtsreiche Angelplätze.

Traumfische

Unbestritten gibt es für jeden Angler seinen Traumfisch. Was für uns *im Süden der Huchen,* ist für die Angler *im Norden die Meerforelle.* Die Chancen auf beide Fischarten zu treffen stehen nicht einmal schlecht. Durch gute Besatzmaßnahmen und Schaffung neuer und verbesserter Fischwanderwege ist es heute durchaus möglich, erfolgreich auf Huchen und Meerforelle zu fischen.

Besonders der Lech in Bayern beherbergt einen guten bis sehr guten **Huchenbestand**. In letzter Zeit werden immer wieder Fänge von Huchen über 50 Pfund Gewicht bekannt. Auch der Urlaubsangler hat an diesem und an einigen anderen Gewässern die reelle Chance einen Huchen zu fangen.

Der Huchen liebt schnell fließendes, tiefes Wasser. Er bewohnt die Gewässer der unteren Äschen- und der oberen Barbenregion. Sein Hauptnahrungsfisch ist die Nase. Der Körper des Huchens ist zylindrisch oft spindelförmig, sein Kopf ist abgeflacht und verhältnismäßig groß. Die Kiefer des Huchens sind besonders stark. Sein Kopf und sein Rücken sind braun bis braunoliv. Gelegentlich ist die Färbung des Kopfes heller als die des restlichen Rumpfes. Seine Seiten sind grau, bei älteren Exemplaren teilweise kupferrot. Sein

Zum Huchenfischen brauchen wir eine starke rute und eine robuste Rolle. Gaff oder große geräumige Kescher sind zur sicheren Landung unerlässlich.

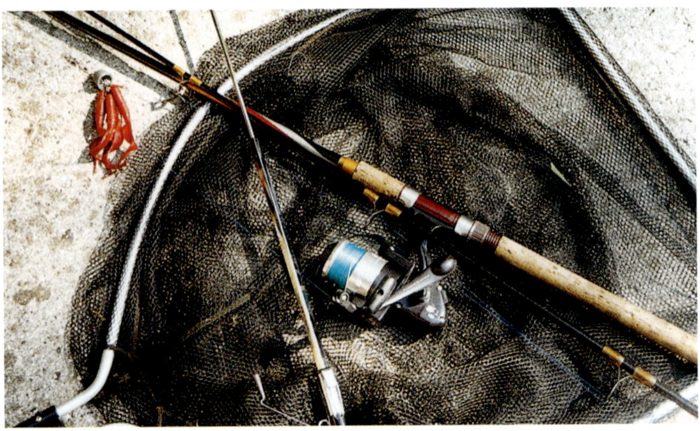

Verfasser mit knapp 16pfündigen Lechhuchen. Fische wie dieser sind auch für den Urlaubsangler eine lohnenswerte Beute.

Bauch und die Unterkiefer sind silberweiß. Huchen erreichen ein Gewicht von maximal 60 Pfund.

Die beste Zeit zum Huchenfang ist nach meiner Erfahrung von Ende Oktober bis Anfang Januar und direkt nach der Schonzeit im Juni. Der Huchen liebt tiefe Rinnen und den Bereich direkt unter Wasserfällen. Im Sommer und Herbst kann man ihn bei Niedrigwasser auch öfters zwischen den Barbenschwärmen ausmachen. Auch Staustufen beherbergen große Huchen. Leider ist der Fang des Huchens nicht gerade einfach. Die größte Chance hat man, wenn der Standplatz und, noch besser die Fressgewohnheiten eines Huchens, bekannt sind. Hier allerdings treten die Probleme der Urlaubsangler auf: Wer hat im Urlaub schon Zeit, am Fischwasser stundenlang nach einem Huchen Ausschau zu halten. Man ist dann schon auf die Hilfe der einheimischen Fischer angewiesen. Nun ergibt sich das nächste Problem: Welcher einheimische Fischer berichtet schon einem fremden Angler über die Standplätze der Huchen im Revier? Es ist also für den Urlaubsangler noch schwieriger als für den einheimischen Fischer, einen Huchen auszumachen und erfolgreich zu befischen. *Die beste Tageszeit* zum Huchenfischen liegt in der Morgen- und Abenddämmerung. Ideal sind bewölkte

Der Heintzblinker (rechts) und andere Klassiker zum Huchenfischen.

Tage mit leichtem Regen oder Schneefall. Aber wie so oft bestimmt die Ausnahme die Regel. Ich habe schon im Januar bei strahlendem Sonnenschein erfolgreich dem Huchen nachgestellt. An Wehren befinden sich sehr gute Huchen, diese haben aber oft schon mit Angelhaken unangenehme Erfahrungen gemacht und sind besonders vorsichtig. Ein Versuch am Wehr kann jedoch nicht schaden. Besser geeignet sind die tiefen Gumpen und Rinnen auf der Strecke, die wir genauestens befischen. Jeweils schräg flussaufwärts geworfen, zocken wir den Köder in Grundnähe auf uns zu. Jeder Widerstand wird sofort mit einem harten Anhieb beantwortet.
Als *Köder zum Huchenfischen* eignen sich besonders große Wobbler, Effzett- und Heintzblinker, Gummifische und Köderfische am System. Als Köderfische werden gerne Grundeln, Mühlkoppen, Aitel und Schleien verwendet. Die Montage gleicht der beim Hechtfischen mit totem Köderfisch. Ein Stahlvorfach wird zum Huchenfang in der Regel nicht verwendet. Muss aber mit Hechten gerechnet werden, wird ein ca. 15 cm bis 30 cm langes Stahlvorfach eingesetzt. Die Verwendung von toten Köderfischen auf Grund zum Huchenfang kommt nicht in Frage, da der Huchen nur bewegte Köder nimmt. Ein weiterer Köder zum Huchenfang ist der so genannte *Huchenzopf*, der ursprünglich aus zusammengebundenen Neunaugen bestand, die man hebend

und senkend führte. Heute bestehen »Huchenzöpfe« aus Gummiaalen, Lederstreifen und Speckstreifen. Zwar kann der Urlaubsangler nicht in der Erwartung, sicher einen Huchen zu fangen, ans Fischwasser gehen, aber hin und wieder wird auch der Urlaubsangler seinen Huchen fangen. Ist es auch kein 50-Pfünder, so kann auch ein Fisch mit 10 oder 15 Pfund durchaus eine lohnenswerte Beute sein.

Obgleich der Huchen im Verhältnis zu seiner Größe nicht gerade zu den kämpferischen Fischen zählt, sind die Umstände seines Fanges oft dramatisch, dazu kommt noch der meist raue Untergrund der Huchenflüsse. Wir benötigen eine große Angelrolle, die mindestens zweihundert Meter Angelschnur der Tragkraft zehn bis fünfzehn Kilogramm trägt und eine starke, etwa drei Meter lange Angelrute mit steifer Spitze und großen Ringen.

Das Huchenmaul ist sehr hart. Der Anhieb muss daher sehr fest und nach Möglichkeit wiederholt gesetzt werden, um den Haken sicher ins Maul einzutreiben.

Wie dramatisch die Umstände des Huchenfangs wirklich sein können habe ich als junger, kaum 17jähriger angehender »Huchenfischer« am eigenen Leibe selbst erlebt. Wie so oft in diesen Jahren fuhr ich mit meinem altersschwachen Moped zum Lech nahe Königsbrunn. Dort war ein Stufenwehr an der Gewässerstrecke des Fischereivereins Augsburg mein bevorzugter Angelplatz. Ich begab mich auf eine flache, mehre Quadratmeter große Plattform über dem Wasserfall und durchpflügte mit Huchenzopf und Effzett-Blinker stundenlang den gesamten Wehrbereich. Gegen Mittag erhielt ich dann im Kehrwasser direkt unter mir einen heftigen Biss. Ein großer Huchen hatte meinen Zopf genommen und kämpfte nun am anderen Ende der Leine um sein Leben. Der Huchen kam sehr schnell an die Oberfläche, wälzte sich einzweimal und vorbei war der Zauber. Schlaff hing die Angelschnur von der Rute. Was war geschehen? Als ich den Rest der Angelleine aufgerollte hatte sah ich was geschehen war. Der Karabinerwirbel war gebrochen und das, obgleich mir gerade dieser Wirbel als besonders belastbar und sogar hochseetauglich verkauft wurde. Die nächsten Sekunden gehörten dem Angelhändler der mir diesen Schund für viel Geld verkauft hatte. Als ich mich wieder etwas gefangen hatte und mir auch keine weiteren »Segenswünsche« für den Angelgerätehändler einfielen, setzte ich mich auf den Betonboden und begann zu weinen. Das Erlebte war einfach zu viel für einen 17jährigen Jungangler. Nach einigen Minuten hatte ich mich so weit wieder gefangen, dass ein »jetzt erst recht Gefühl« in mir aufstieg. Ich montierte einen neuen Karabinerwirbel (allerdings verzichtete ich auf den so genannten Hochseewirbel), köderte einen neuen Huchenzopf und begann erneut den Wehrbereich nach einem beißfreudigen Huchen abzusuchen. Leider hatte ich bis zum Abend keinen weiteren Biss mehr erhalten. Als die Dämmerung einsetzte, hatte ich nur noch einen großen silber-goldenen Effzett-Blinker. Meine Huchenzöpfe hatte ich mittlerweile alle durch Hänger verloren. Ein, zwei Würfe noch, dann würde ich mich auf den Nachhauseweg machen. Ich warf den Blinker weit in den Auslauf des Wehrschussses. Es war bereits so dunkel geworden, dass ich den Köder kaum noch die Wasseroberfläche erreichen sah. Sofort begann ich den Blinker einzuholen. Nach nur wenigen Rollenumdrehungen erhielt ich einen harten Biss. Ich setzte sofort den Anhieb und der Drill begann. Nach nur kurzer Zeit hatte ich den Fisch bis unmittelbar unter meinen Standplatz heran führen können. Ich kletterte die Uferbefestigung hinunter und stand nun nur noch wenige Meter vor meinen Fisch, den ich in der Dunkelheit nur sehr schemenhaft ausmachen konnte. Als ich nun versuchte den Fisch zu landen und er mich offensichtlich ebenfalls wahrnahm, beantwortete der Räuber dies mit einer gewaltigen Flucht. Nach weiteren zehn Minuten hatte ich ihn aber dann so weit. Der Huchen stand total erschöpft vor mir im flachen Wasser. Ich stieg ins Wasser und führte den ermüdeten Fisch zu einer ins Wasser ragende Steinplatte und warf mich auf den Fisch, dann schleifte ich den Huchen über die Böschung und legte ihn neben meinem abgestellten Moped ins feuchte Gras. Ich tötete ihn rasch. Was ich dann sah konnte ich kaum glauben. Neben dem Effzett-Blinker hing dem Huchen noch ein Zopf mit gebrochenem Karabinerwirbel aus dem Maul. Es handelte sich offensichtlich um denselben Fisch, den ich bereits in den Mittagsstunden nach kurzem Drill verloren hatte. Unglaublich aber wahr. Dieser Huchen war mein erster Huchen über zwanzig Pfund – ein Huchenfischer war geboren.

Auch die Bestände der **Meerforelle** an den deutschen Küsten nehmen immer mehr zu. Auch hier ist die Möglichkeit einer erfolgreichen Pirsch durchaus gegeben. Die Meerforelle stellt nach Meinung vieler Wissenschaftler, gemeinsam mit der Bachforelle und der Seeforelle, eine einzige Art dar, wobei die Meerforelle die Urform der bei uns heimischen Forellenarten sein dürfte. Die Meerforelle lebt, wie der Name schon sagt, hauptsächlich im Meer und hier im Küstenbereich und an Einläufen von Süßwasserarmen. Sie steigt nur zum Laichen in Bäche und Flüsse auf. Sie ähnelt sehr stark dem atlantischen Lachs und ist nicht immer einfach von ihm zu unterscheiden. Sie besitzt einen blanken, silberfarbenen Körper mit in der Regel vielen

schwarzen *x-förmigen Punkten* oberhalb und unterhalb der Seitenlinie. Bei größeren Exemplaren ist die Schwanzflosse konvex (also leicht nach außen) gebogen. Die Maulspalte der Meerforelle reicht über das Ende des Auges hinaus, was beim Lachs nicht der Fall ist.
Die *Angelrute* zum Meerforellenfischen sollte ähnlich der Huchenrute mindestens drei Meter lang, jedoch wesentlich leichter und weicher sein. Die Rolle muss reichlich zweihundert Meter Angelschnur der Stärke sieben bis zwölf Kilogramm fassen. Als *Köder* verwenden wir schlanke Blinker und Küstenwobbler in der Gewichtsklasse zwischen 15 und 30 Gramm.
Zur Küstenfischerei benötigt man dringend eine Wathose und einen Watstock, der beim Laufen auf den meist sehr glitschigen Steinen den notwendigen sicheren Halt gibt. Als besonders erfolgversprechende Stellen haben sich solche mit so genanntem Leopardengrund (steiniger, bewachsener Grund), mit Findlingen und tiefem Wasser erwiesen.
Bei der Meerforellenfischerei wird immer ein geräumiger Watkescher benötigt, um die zu erwartende Beute sicher aufzunehmen und zu landen. Vorsichtig begibt sich der Fischer ins Wasser und beginnt den Nahbereich fächerartig abzufischen. Meerforellen gehen manchmal bis ins Niedrigwasser der Uferregion und können dort bei der nötigen Vorsicht auch gefangen werden. Erst nachdem der Nahbereich abgefischt wurde beginnt man mit weiten Würfen. Dabei wird der Köder relativ schnell geführt. Eine Reizfliege,

Was für den Süden der Huchen ist für den Norden die Meerforelle.

Schlanke Blinker und Küstenwobbler sind gute Meerforellenköder.

die beweglich oberhalb des Spinnköders montiert wird, erhöht die Chancen nicht unwesentlich. Hierbei ist jedoch darauf zu achten, die Fliege oder den Streamer beweglich zu montieren, damit er bei einem Anbiss in Richtung Blinker rutschen kann und dieser sich beim Drill im Untergrund nicht festsetzt und so zum Fischverlust führt.

Die beste *Fangzeit* für die Meerforellen liegt, ähnlich wie beim Huchen, in den frühen Morgen- und Abendstunden. Besonders günstig ist ruhige oder nur leicht gekräuselte See.

Die besten *Fangmonate* sind ab November bis Mitte April. Aber auch in den Sommermonaten und, dann besonders bei Nacht, sind gute Fänge möglich. Beim Downriggerfischen bestehen ganzjährig beste Fangchancen. Da Meerforellen um zehn Pfund nicht selten sind und wir es mit einem kampfstarken Fisch zu tun haben, ist der Drill einer Meerforelle immer ein besonderes Erlebnis.

Vor einiger Zeit befand ich mich bei einem Lehrgang nahe Hamburg. Am Wochenende beschloss ich nach Rügen zu fahren, um endlich einmal auch an deutschen Küsten erfolgreich den Meerforellen nachzustellen. Es war Januar und leider nicht sonderlich warm an der Ostsee. Aber gut eingepackt

versuchte ich trotz der eisigen Kälte mein Glück. Leider konnte ich an zwei Tagen nur zwei kleine Küstendorsche landen. Ich hatte mein Hotelzimmer bereits geräumt und meine Sachen verpackt, wollte aber noch den Abend nutzen, um vielleicht doch noch eine Meerforelle zu erbeuten. Die Abenddämmerung hatte bereits eingesetzt, ich war eigentlich schon auf den Rückmarsch zu meinem Auto. Da sah ich von weitem einen anderen Angler, der gerade eine Meerforelle landen konnte, kein großer Fisch, aber immerhin. Der andere Angler war wohl über seinen Fang so glücklich, dass er sofort zusammenpackte und den Angelplatz verließ. Nun, dachte ich mir, wo eine ist da kann auch eine weitere Meerforelle sein. Also begab ich mich in die Nähe des Fangplatzes und begann sofort die Stelle zu befischen. Aber es tat sich nichts. »Noch einmal Köderwechseln und dann höre ich auf«, dachte ich mir und montierte einen schlanken rotgoldenen Blinker an meine Angelschnur. Weiter Wurf, schnelles Einholen und dann kam der Biss, keine 10 Meter vor meinen Füßen. Eine gute Meerforelle hatte sich meinen Köder genommen und kämpfte nun am anderen Ende der Angelleine um ihre Freiheit. Nach einem mehrere Minuten andauernden Drill lag sie vor mir, ein Fisch von rund neun Pfund Gewicht. Das war meine erste Meerforelle, die ich bis dahin an der deutschen Küste erbeutet hatte.
Nicht jeder Tag ist ein Fangtag, aber jeder Tag kann ein schöner, unvergesslicher Angeltag werden. *Huchen und Meerforelle* sind die Fische »der tausend Würfe«. »Schneidertage« sind die Regel. Aber liegt nach erfolgreichem Drill einer dieser wunderschönen Fische vor uns, ist alle Mühe vergessen und wir werden mit Sicherheit erneut aufbrechen, um mit einfachen Mitteln zum Fangerfolg zu kommen.

Unfangbare Fische – gibt es nicht!

Manche Fische, die oft sogar einer Anzahl von Anglern bekannt sind, gelten als unfangbar. Allerlei Köder wurden ihnen schon vorgesetzt ohne dass sie auch nur das geringste Interesse für einen dieser Köder zeigten. Immer wieder versuchen es unentwegte Fischer mit allen erdenklichen Ködern diesen »Unfangbaren« doch habhaft zu werden. Manchmal stehen diese Fische jahrelang an ein und derselben Stelle ohne dass sie jemals gefangen werden. »Sie sind halt einfach unfangbar und eines Tages sterben sie dann an Altersschwäche« so ist die weit verbreitete Meinung. Einen solchen Fall erlebte ich erst kürzlich in einer meiner bevorzugten Fließwässer nahe der Stadt Augsburg. Ein Huchen, sicherlich weit über dreißig Pfund schwer, trieb dort sein Unwesen. Viele Angelkameraden kannten den Räuber, doch niemand konnte den listigen »Alten« jemals zum Anbiss verleiten. Eines Tages jedoch war der Huchen verschwunden und wurde niemals wieder gesehen. Möglicherweise war er an Altersschwäche eingegangen oder wegen des starken Sommerhochwassers in eine andere Gewässerstrecke abgewandert, so vermuteten viele Angler. Ich jedoch wusste genau was aus dem scheinbar unfangbaren Huchen geworden ist, ließ aber die anderen Fischer im Dunkeln. Nicht weil ich es ihnen vorenthalten wollte, sondern weil ein guter Freund von mir, der mir klammheimlich ein Fangfoto des »Alten« zeigte, mich darum bat. Der als unfangbar geltende Großhuchen war also letztendlich doch auf einen Angelköder hereingefallen. Es war nur eine andere außergewöhnliche Strategie notwendig für diesen großen Räuber. In einer hellen Vollmondnacht, so berichtete mir mein Freund, befischte er den bekannten Standort des Huchen mit einem Oberflächenwobbler und konnte ihn sofort zum Anbiss verleiten und nach aufregendem Drill sicher landen. Für mich nichts Ungewöhnliches. Lange schon wusste ich, dass gerade große Raubfische nur noch nachts und besonders in mondhellen Nächten auf Raub gehen. Die alte Anglerweisheit, das mondhelle Nächte ungeeignet zum Fischen sind, ist meiner Ansicht nach totaler Unsinn. Nur der Aal meidet das Mondlicht und ist bei Vollmond kaum zum Anbiss zu verleiten. Räuber wie Hecht, Waller und Huchen laufen aber gerade bei Vollmond zu Hochform auf und gehen dann gezielt auf Raub.

Vor einiger Zeit traf ich an einem Vereinssee eine kleine Gruppe Hechtangler. Diese berichteten mir, dass schon seit einigen Wochen nichts mehr auf Hecht gehe. Nur weit draußen, außerhalb der Reichweite ihrer Ruten, würden sie Hechte beim Rauben beobachten können. Da aber am See Bootsfischen verboten ist, sind diese Fische unfangbar. Nach ihren Angelmethoden befragt erkannte ich schnell, dass die Herrn »Hechtfischer« die falsche Strategie anwandten. Ich gab ihnen den Rat, es doch mal mit handlangen schlanken Köderfischen am vollkommen unbeschwerten Spinnsystem nur mit einem ca. 10 bis 20 Gramm schweren sinkendem Spirolino als Wurfgewicht zu versuchen. So wäre es möglich, größere Wurfweiten zu erreichen und den Hechten einen vollkommen unverdächtigen Köder zu servieren. Einer aus der Gruppe fand den Vorschlag zumindest einen Versuch wert und versprach mir, in der nächsten Woche es einmal mit der von mir vorgeschlagenen Methode zu versuchen. Einige Tage später erreichte mich der Anruf eines überglücklichen Hechtanglers, der nach genauer Befolgung meines

Vorschlages innerhalb von nur zwei Tagen drei der »Unfangbaren« in der Größe bis 90 cm fangen konnte. Ein weiterer Beweis das unfangbare Fische doch gefangen werden können.
Während der Arbeit zu diesem Buch führte mich mein Weg auch an einen rund 15 Hektar großen bis zu 14 Meter tiefen Baggersee, der bestens mit zum Teil kapitalen Forellen besetzt war. Es herrschte reger Betrieb an diesem wunderschönen glasklaren See. Rund zehn Angler versuchten leider vergeblich eine dieser großen Regenbognerinnen zu überlisten. Besonders demotivierend wirkte auf die Angelkollegen, dass die Forellen in kleinen Trupps direkt in Ufernähe vorbeizogen, jedoch keinen der ihnen angebotenen Köder auch nur eines Blickes würdigten. »Die sind total scheu wegen dem großen Befischungsdruck der letzten Wochen unfangbar bzw. sind sie schon in höchster Hochzeitslaune«, war die einhellige Meinung der meisten Fischer. Ich jedoch wollte dies ich nicht einfach so hinnehmen und begab mich an eine freie Stelle rund 200 Meter von den bisher glücklosen Anglern entfernt. »Wieder also so ein Fall, wo es heißt den Mythos der Unfangbarkeit zu widerlegen« dachte ich mir und montierte an eine 270 cm lange leichte Spinnrute einen kleinen Karabinerwirbel in dem ich ein ca. 70 cm langes Vorfach von 0,18 mm Durchmesser mit einem sehr kleinen »Madenhaken« anbrachte. Danach suchte ich mir ein kleines Stückchen Treibholz, etwa zigarettenstark, welches ich mit dem Messer leicht einschlitzte und als eine Art Schwimmer direkt oberhalb des Karabinerwirbels befestigte. Als Köder sollte eine Bienenmade, ein Spezialköder für besonders schwierige Fälle, herhalten. Als nahe meinem Standort ein kleiner Trupp starker Regenbogenforellen vorbeizog, warf ich die Montage in Richtung der Forellen aus. Sofort löste sich ein starker Fisch aus der Gruppe und nahm ohne zu zögern den Köder. Der Drill begann. Die Regenbogenforelle vollführte an meiner extrem leichten Montage einen wahren Höllentanz. Mein »Treibholzschwimmer« löste sich direkt nach dem Anhieb von der Angelschnur und behinderte den Drill in keinster Weise. Nach ca. 15 Minuten lag eine wunderschöne rund 10 Pfund schwere Regenbogenforelle in meinem Kescher. Mittlerweile waren einige der anderen Fischer, durch den langen Drill der großen Forelle angelockt, zu mir gekommen und bewunderten die kapitale Forelle. »Glücksfang« meinte einer und nach ausgiebiger Begutachtung meiner Beute begaben sie sich wieder zu ihren Angelplätzen zurück. Nur einer dieser Fischer packte seine Ausrüstung zusammen und bezog unmittelbar neben mir Stellung. Ich beköderte erneut meine Angel mit einer Bienenmade, montierte ein kleines Stück Treibholz als Schwimmer und warf erneut aus. Keine

Minute später hatte ich den nächsten Biss und konnte nach langem, harten Drill eine fast genau 8 Pfund schwere Bachforelle landen. Das war für den anderen Fischer zu viel. Er trat an mich heran und fragte nach meiner Methode, welche ich ihm gerne ausführlich verriet.

Der Angelkollege verfügte leider aber über keine echten Bienenmaden sondern nur Gummiimitationen und so blieb er ohne Fangerfolg, zumindest bis ich kurze Zeit später bepackt mit 18 Pfund Forelle zufrieden den Heimweg antrat. Zwei Wochen später bei einem privaten Treffen mit meinen Freund Hartmuth Geck (ein Mitarbeiter und Autor einer bekannten Angelzeitschrift) kamen wir beim Fachsimpeln auch auf die Problematik des Forellenfangs am oben beschrieben Baggersee zu sprechen. Hartmuth erzählte mir von einem Spezialisten der besonders erfolgreich dort auf Forellen fischt und den er schon mehrmals bei seinen guten Fängen beobachten und fotografieren konnte. Ich fragte ihn ob er mir ein Bild dieses Spezialisten zeigen könnte. Und siehe da, auf dem Foto war niemand anderer zu sehen, als der Angelkamerad, der mich bei meinen Fängen so genau beobachtet hatte und sich über meine Fangtechniken so genau informierte.

Wie die erwähnten Beispiele beweisen ist auch vermeintlich unfangbare Fischen beizukommen. Man muss nur etwas Einfallsreichtum entwickeln und neue; einfache für die Fische unbekannte Methoden und Köder und Angelzeiten versuchen. Einen wirklich unfangbaren Fisch, so glaube ich, gibt es nicht.

Unfangbare Regenbognerin, hereingefallen auf Bienenmade an Stöckchenschwimmer

Winterangeln

Wenn die Tage kürzer werden und die Nächte wieder länger, bunt geschmückte Einkaufspassagen und Schaufenster uns an die nahende Weihnachtszeit erinnern, dann ist für sehr viele Angler der Zeitpunkt gekommen das Angelgerät einzumotten bzw. notwendige Reparatur- und Pflegearbeiten am Angelgerät durchzuführen. Drillinge und Sprengringe werden ausgetauscht, Rollen eingeölt, alte Angelschnüre ersetzt und Angelruten gereinigt und im sicherem Rutenfutteral »winterfest« verstaut. Man freut sich über die tollen Erlebnisse der zurückliegenden Angelsaison und hofft, beim Betrachten der jüngsten Fangfotos auf eine ähnlich erfolgreiche und schöne Angelsaison im nächsten Jahr. Nur wenige Angler gehen auch während der kalten Jahreszeit unverdrossen der Fischwaid nach. Dabei stehen die Chancen auf einen Fang auch während der Winterzeit gar nicht mal so schlecht. Neben den typischen Winterfischen *Huchen* und *Rutte*, sowie der *Meerforelle* im Norden, gibt es eine Reihe anderer Fischarten die sich während des Winters zum Anbiss verleiteten lassen. Einige Fischarten wie Waller, Aal, Grasfische und Schleie sind jedoch im Winter kaum fangbar und werden uns erst im neuen Jahr wieder interessieren. Salmoniden, wie Bach- und Seeforelle sowie die Saiblingsarten sind mitten in den Laichvorbereitungen und genießen ihre wohlverdiente Schonzeit. Alleinig die *Regenbogenforellen* bzw. die selten gewordene *Äsche* bieteten mancherorts noch bis weit in den Dezember hinein gute Aussichten auf eine erfolgreiche Fischwaid. Besonders geeignet für den winterlichen Fang der Regenbogenforelle sind Baggerseen und Fließgewässer, in denen neben der Regenbogenforelle keine weiteren Salmoniden wie Bachforelle und Saiblinge vorkommen. Leider wird die Regenbogenforelle sehr häufig zusammen mit diesen Salmonidenarten in Fließgewässer eingesetzt. Jedoch besteht für die Angler

Im Winter suchen wir die Fische an den tiefsten Stellen der Flüsse.

die Möglichkeit, sie auch während der Schonzeit dieser Salmoniden weiter zu befischen und so wird Bachforelle und Co. durch die Befischung stark in ihrem Laichgeschäft behindert und nicht selten werden laichbereite Fische verangelt. Vernünftig wäre daher, an solchen Gewässern die Schonzeit der Regenbogenforelle früher beginnen zu lassen oder auf ihre Befischung während dieser Zeit freiwillig zu verzichten. An Fließgewässern, die nur die Regenbognerin beherbergen, ist gegen eine Befischung bis zu ihrer eigentlichen Schonzeit nichts einzuwenden. Da die meisten Regenbogenforellenstämme erst im Frühjahr oder gar im Frühsommer laichen, ändern sie ihre Fressgewohnheiten auch während der kalten Jahreszeit kaum oder gar nicht und sind meist an den auch im Sommer bevorzugten Stellen zu erbeuten. Als Köder für die kalte Zeit des Jahres sind besonders die *Bienenmade, Tau- und Mistwürmer* sowie *kleine Köderfische* geeignet. Auch an der während der warmen Jahreszeit verwendeten Montage brauchen wir kaum etwas zu ändern. Lediglich die Ringe unserer Angelrute sollten wir bei drohenden Minusgraden mit etwas Silikonfett einreiben, um ein Zufrieren der Ringe und besonders des Spitzenringes zu vermeiden.
Die beste Zeit zur winterlichen Fischwaid auf die Regenbogenforellen sind die wärmsten Stunden des Tages, also meist die Zeit um Mittag. Am Baggersee suchen wir die Forellen besonders an den tiefen Stellen und versuchen sie mit kleinen Köderfischen, die wir sehr langsam über den Grund des Sees führen, zum Anbiss zu verleiten. Da die Fische meist schon einige Zeit im See leben und sich mittlerweile schon zu sehr an natürliche Nahrung gewöhnt haben, sind Versuche mit Forellenteig als Köder meist erfolglos. Ein weiterer besonders erfolgreicher Köder am Baggersee ist die Bienenmade, welche an einer Montage mit langsam sinkendem Spirolinos mit einem Gewicht von 10 bis 15 Gramm gefischt wird. Dabei wird die Bienenmade auf einen großen Madenhaken an 100 cm bis 150 cm langem Vorfach montiert. Nach dem Auswerfen lassen wir den Köder bis in die gewünschte Tiefe absinken und beginnen in dann möglichst in Zeitlupentempo wieder einzuholen. Bisse beantworten wir zügig mit einem Anhieb. Ebenso bringen Tauwürmer und tote Köderfische an Posen- oder Grundangel angeboten ihren Fisch. Solange die Baggerseen eisfrei sind, können so auch im Winter noch schöne Regenbogenforellen erbeutet werden. Da an den meisten Gewässern Eisfischen verboten ist wollen wir diese Möglichkeit des winterlichen Fischwaids auch nicht näher betrachten, zumal die Eisfischerei nicht ungefährlich ist.

Auch die *Äsche* ist auf ähnliche Art und Weise wie während der Sommer-

Große Gummifische sind der Schlüssel zum Erfolg auf faule Winterräuber.

monate zu erbeuten. *Mistwurm, Stein- und Köcherfliegenlarve* sowie einzelne *Maiskörner*, an feinstem Gerät angeboten, können schöne Fahnenträger zur Strecke bringen. Nymphen am Hölzel angeboten wählen wir ein zwei Nummern kleiner als während der übrigen Jahreszeit und bieten diesen Köder gleichfalls ähnlich erfolgreich an. Manchmal, jedoch besonders an nicht zu kalten Abenden, beginnen die Äschen wie wild zu steigen und sind dann nur noch mit der Fliegenrute an sehr kleinen Fliegen zu erbeuten. Mit Ende des Jahres beginnt dann die Schonzeit der Äsche. Aber auch dies bedeutet noch lange nicht das Ende erfolgreicher Winterfischerei.

Raubfische wie *Hecht, Zander* und *Barsche* werden vielerorts noch bis weit in den Winter hinein erfolgreich befischt. Wir suchen nun Hecht, Zander und Barsch an den tiefsten Stellen der Flüsse und Seen. In Stauseen gelten die Bereiche um die Staukronen sowie Stellen im ehemaligen Flussbett oder an überfluteten oder gesprengten Wehranlagen immer als absolute Topadresse. Als Köder verwenden wir in erster Linie schlanke Köderfische, die wir an einfacher Spinnmontage in Grundnähe präsentieren. *Gummifische* in besonders grellen Farben sowie an Gewässern, in denen Barsche vorkommen, auch Gummiimitate dieser Fischart werden ebenfalls sehr erfolgreich verwendet. Wichtig ist, den Köder möglichst langsam und tief zu führen. Die Raubfische benötigen zwar auch während der kalten Jahreszeit Nahrung, jedoch ist auch ihr Stoffwechsel wesentlich verlangsamt und sie stehen sehr häufig bewegungslos direkt am Gewässergrund. Ein schneller, hoch geführter Köder lockt kaum noch einen Räuber zum Angriff. Der Köder muss ihnen schon direkt und mundgerecht vor dem Maul präsentiert werden um ihr Interesse zu wecken. An besonders hängergefährdeten Stellen verwenden wir an Stelle einer normalen Bleibeschwerung ein Tiroler Hölzel. Den Köderfisch befestige ich gerade währen dieser Jahreszeit nur mit einem starken Drilling im Kopfbereich. Um Bodenkontakt des Fischchens zu vermeiden spritze ich mit einer Einwegspritze Luft in den Fischleib oder stecke ihm ein kleines Styroporstückchen direkt in das Maul, um den notwendigen Auftrieb zu erreichen. Beim Anbiss setze ich nicht sofort den Anhieb, sondern lasse dem Räuber einige Sekunden Zeit zum Fressen. Gummifische werden selbstverständlich wie üblich angeködert, jedoch wesentlich langsamer und vorsichtiger als in der übrigen Jahreszeit geführt. Anbisse am Kunstköder werden sofort mit einem kräftigen Anhieb beantwortet um den Haken auch richtig ins Fischmaul einzutreiben. Wobbler, aber besonders Blinker, sind nach meiner Erfahrung nicht für die Winterfischerei geeignet. Diese Köder können wir getrost bis zum Frühjahr in der Köderkiste belassen. Bei Temperaturen unter minus 5° Celsius sinken unsere Fangaussichten leider gegen Null und uns bleibt nichts anderes übrig, als auf einsetzendes Tauwetter zu warten. Gerade die Zeit nach einer lang anhaltenden Kälteperiode ermöglicht nicht selten beste Fangchancen auf kapitale Winterräuber. Im Februar allerdings sinken die Chancen auf Hecht und Zander weiter und Mitte Februar beendet die gesetzliche Schonzeit auch diese Möglichkeit der Winterfischerei.

Die meisten Friedfische kommen nicht in den Genuss einer gesetzlichen Schonzeit oder aber, da Sie Frühjahrs- bzw. Sommerlaicher sind, beginnt diese Schonzeit erst im März oder noch später im Frühjahr. Besonders an Gewässern deren Wasser durch Warmwasserzuläufe erwärmt wird sind praktisch alle vorkommenden Friedfische ganzjährig fangbar. In Baggerseen hingegen sind meist nur Karpfen, welche sehr spät im Jahr besetzt wurden, noch zum Anbiss zu verleiten. Hier jedoch sollte uns die Vernunft Einhalt gebieten. Die Fische frisch aus den Karpfenteichen sind die Fütterung gewohnt und durchstreifen daher auf Suche ihres gewohnten Futters den Baggersee. Es kann keines Falls gut geheißen werden, diesen Teichkarpfen sofort mit Haken und Angelrute nachzustellen. Waidgerecht ist sicherlich ihnen die Möglichkeit zu geben, sich während der Wintermonate an ihre neue Umgebung zu gewöhnen und uns um diese Fische erst wieder im Frühjahr mit der Angel zu kümmern.

An etlichen großen und kleinen Flüssen gibt es durchaus auch im Winter gute Möglichkeiten, besonders bei ruhigen relativ warmen Witterungsverhältnissen, erfolgreich den Friedfischen nachzustellen. Ruhige tiefe Rinnen und große Wehrkolke sind sehr gute Winterfangplätze für »Weißfische« *Aitel, Rotauge* und *Nase. Karpfen* und andere Friedfische werden hier erfolgreich mit feinsten Schnüren an sehr sensibler Montage beangelt. Als Köder werden von mir dann hauptsächlich *Maden* (oft nur eine oder zwei), kleinste *Rotwürmer, Maiskörner* und *Semmelflocken* verwendet. Der Köder ist dann immer mindestens eine Nummer kleiner als während der Sommermonate.

Anfüttern sollten wir nach Möglichkeit nur sehr wenig, um die während dieser Jahreszeit doch sehr lethargischen Friedfische nicht zu schnell zu sättigen. Oft sind die zarten Bisse kaum erkennbar und so setzen wir auch schon beim leisesten Verdacht den Anhieb. Die Barbe ist für uns als Winterfisch meist nicht geeignet. Barben ziehen sich mit dem Herannahen der kalten Jahreszeit gerne in so genante Winterlager zurück, wo dann manchmal fünfzig und mehr Fische auf engstem Raum zusammen stehen. Diese »Winterlager« sind meist durch den Gesetzgeber besonders geschützt und jegliche Fischerei in solchen Winterlagern ist untersagt. Manchmal jedoch werden große Barben bei den nächtlichen Aalruttenfischen gefangen. Das Fleisch, besonders der Nasen, ist während der Winterzeit am besten und mit etwas Glück kann man genügend Fische für eine vorzügliche Fischwurst oder für Fischküchlein fangen.
Ein äußerst wichtiger Punkt im Bezug auf Winterangeln ist die richtige Bekleidung. Warme, wind- und wetterfeste Bekleidung ist in jedem Fall notwendig. Was ich zuviel anhabe kann ich leicht ausziehen, jedoch, was zuhause im Kleiderschrank hängt kann ich am Fischwasser nicht mehr anziehen. Für Notfälle ist es zu dem Empfehlenswert einen zweiten Satz warmer Kleidung im Auto mit sich zu führen. Eine Erkältung oder gar eine Lungenentzündung ist die schönste Winterfischerei nicht wert. Angeln während der Winterzeit hat durchaus seine Berechtigung. Besonders jedoch die winterlich stille Landschaft um unsere Fischgewässer ist es schon wert, das eine oder andere Mal auch die Fischerei während der kalten Jahreszeit auszuüben, auch wenn die Fangaussichten leider oft sehr gering sein werden und unser erklärter Lieblingsfisch leider nicht mehr auf der Skala der fangbaren Fische erscheinen wird.

Winterzander von rund vier Kilogramm Gewicht.

Fischgerechtigkeit und Hege der Fischbestände

Ein waidgerechter Angler ist sich immer bewusst sein, dass das Ziel seiner fischereilichen Bemühungen ein Lebewesen ist. Es ist daher für jeden Petri-Jünger selbstverständlich, mit seiner Beute so schonend wie möglich umzugehen. Waidgerechtigkeit ist das oberste Gebot aller Angelfischer. Durch verantwortungsvollen Umgang mit Fischen zeigen wir auch anderen Anglern und besonders unseren Junganglern die nötige Einstellung zur Kreatur.
Für jeden waidgerechten Fischer ist es selbstverständlich, bei der Ausübung der Fischerei die notwendigen *Landungshilfen* und *Lösewerkzeuge* mitzuführen und zu verwenden. Untermassige oder sich in Schonzeit befindliche Fische sind, wenn möglich, besonders schonend im Wasser vom Angelhaken zu befreien. Leider neigen gerade untermaßige Forellen und Hechte dazu, den Angelköder oft tief zu schlucken. Ein *vorsichtiges Abschneiden* der Angelschnur gewährt den Fischen hier meist größere Überlebensmöglichkeiten als langwieriges Herumoperieren an den Fischen. Nach dem erfolgreichen Drill eines maßigen, nicht in der Schonzeit befindlichen Fisches und dessen waidgerechter Landung muss dieser sofort entsprechend versorgt werden. Nach dem Betäuben setzen wir den *Herzstich* oder den so genannten *Kimmenschnitt.* Danach bewahren wir unsere Beute bis zum Ende des Angeltages am besten in einem Weidenkorb oder in einer Leinentasche auf. Wenn möglich ist der Fisch sofort auszunehmen.
Fischinnerein dürfen jedoch auf keinen Fall achtlos in das Gewässer geworfen werden. Vergraben oder in einer kleinen Plastiktasche verschlossen aufbewahren und dann im normalen Hausmüll entsorgen ist sicherlich die bessere und erlaubte Variante. Selbstverständlich ist die Aufbewahrung von Fischen gerade in der warmen Jahreszeit nicht gerade einfach, da Fische bei Wärme sehr schnell verderben. Eine Kühltasche mit entsprechenden Akkus sorgt für die notwendige Kühle und der Fisch kann hier etliche Stunden ohne Probleme gelagert werden, um dann auch möglicherweise erst zu Hause ausgenommen zu werden.
Neben der Behandlung der gefangenen Fische ist selbstverständlich die waidgerechte *Zusammenstellung des Fanggerätes* besonders wichtig. Die richtige Hakengröße und die geeignete Schnurstärke gehören ebenso in den

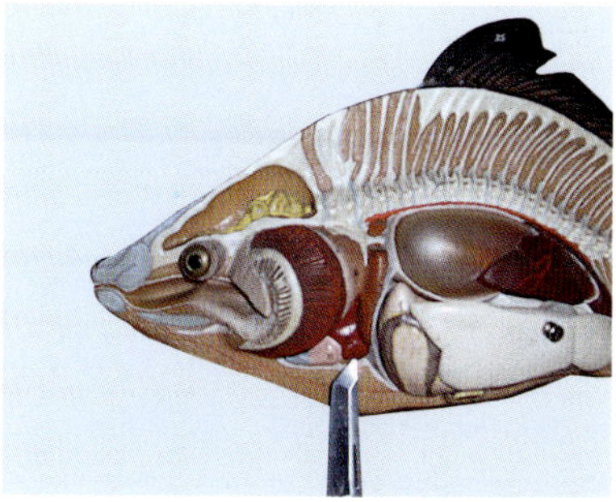

So wird der Herzstich richtig ausgeführt.

Bereich der Fischgerechtigkeit wie die Behandlung gefangener Fische. Zu kleine Haken werden oft unlösbar verschluckt und die Fische müssen nicht selten qualvoll verenden. Mit der richtigen Schnurstärke verhält es sich nicht anders. Wie die geeignete Zusammenstellung für die einzelnen Fischarten aussehen sollte ist unten aufgeführt.

Bei sehr großen Raubfischen, wie z. B. Großwelsen, können durchaus eine weitaus stärkere Angelschnur und größere Angelhaken notwendig sein. Bei der Fischerei auf Raubfische werden auch Drillinge der angegebenen Größen verwendet. Die aufgeführten Zusammenstellungen beziehen sich ausschließlich auf die Verwendung monofiler Angelschnüre. Tragkraftangaben beziehen sich auf die Eignung der Schnur für die speziellen Fischarten unabhängig vom Durchmesser der verwendeten Angelleine. Die Tragkraft von geflochtenen Angelschnüren ist bei gleichem Durchmesser wesentlich höher, was allerdings auch auf den Anschaffungspreis dieser Hightechschnüre zutrifft.

Leider bevorzugen sehr viel Petri-Jünger nur die ihrer Meinung nach besonders wertvollen »Edelfische« wie Forelle, Karpfen, Zander, Hecht und Aal. Dabei können aber auch die sogenannten Weißfische bei richtiger Zubereitung durchaus kulinarischen Genuss bereiten. Ich kenne Angler, die würden für eine schöne Brachse auf jede Forelle verzichten. »Auswahlfischen«, wie durch manche Angler betrieben, sorgt dafür, dass in einigen Gewässern »Weißfische« in großen Mengen vorhanden sind, da sie nach ihrem Fang sofort wieder zurückgesetzt werden, während Salmoniden und Karpfen intensivst befischt und entnommen werden. Die Durchsicht von Fangmeldungen bestätigt dies eindrucksvoll. Ein Beispiel: An einem mittleren Fluss mit hervorragenden Friedfischbeständen tauchen in den Fangmeldungen kaum Friedfische auf, während von den sogenannten »Edelfischen« fast der gesamte Jahresbesatz wiedergefangen wurde. Es ist schwierig die Fischer zu überzeugen auch sogenannte »Minderfische« den Gewässern zu entnehmen. Hier sind eindeutig die Gewässerbewirtschafter, Vereinsvorstände aber auch die Gewässerwarte und Fischereiaufseher gefordert.

Ebenso kann durch Fischkochkurse sehr gut über die Verwertbarkeit aller Angelfische aufgeklärt werden. Besonders erfreulich sind die Bemühungen einiger Angelvereine, die bei Vereinsfesten oder anderen Veranstaltungen Speisen aus allerlei Friedfischfleisch anbieten und oft ungläubiges Staunen ernten, wenn sie den Leuten mitteilen, dass sie gerade Weißfisch verspeist haben. Obgleich sehr viele Friedfische wegen mangelnder Befischung bzw. Entnahme in sehr großen Mengen vorkommen gibt es doch einige Arten, die in ihrem Bestand stark gefährdet oder gar vom Aussterben bedroht sind. Ein Beispiel hierfür ist die Nase, deren Bestände mittlerweile in vielen Flüssen gänzlich verschwunden oder kaum mehr feststellbar sind. Wir Angelfischer sind hier besonders in die Pflicht genommen.

Die *Hege und Pflege der Fischbestände* und die Pflege der Gewässer ist eine im Fischereigesetz verankerte Verpflichtung, die von verantwortungsbewussten Gewässerbewirtschaftern mit großem persönlichem Einsatz wahrgenommen wird. Gerade in den Fließgewässern sind durch die Veränderungen der Vergangenheit, wie Begradigungen, Anstauung und Verbauung viele Fischarten akut gefährdet oder schon ausgestorben. Versandung durch Anstauung, Verschwinden von Kiesbänken oder Unterbrechung der Durchgängigkeit von Gewässern durch Stauwehre verhindern ein erfolgreiches Ablaichen der Fische bzw. die Entwicklung des Fischlaichs, so dass eine natürliche Vermehrung der Fische kaum mehr stattfinden kann. Sicher,

Haken und Schnurstärken

Fischarten	Schnurstärke (Tragkraft)	Hakengrößen
Kleine Friedfische	0,12 bis 0,18 (ca. 2,5 kg)	18 bis 8
Kleine Salmoniden	0,20 bis 0,25 (ca. 4,0 kg)	6 bis 4
Große Forellen	0,25 bis 0,35 (ca. 7,0 kg)	4 bis 1
Meerforelle, Schleie, Karpfen, Barbe, große Aitel, Aale, Rutten, Raubfische, Großkarpfen	0,30 bis 0,40 (ca. 10,0 kg)	1/0 bis 3/0
Große Raubfische (Huchen, Wels u. Hechte)	0,35 bis 0,50 (ca. 17,0 kg)	1/0 bis 4/0

Der Lech bei Augsburg. Zum Zwecke der Energiegewinnung wurde fast das ganze Wasser ausgeleitet. Übrig bleibt ein trocken gelegtes Flussbett.

durch offensiv betriebene Aufklärung und unter Einsatz großer finanzieller Mittel wurden mancher Orts schon wesentliche Verbesserungen erreicht, aber es gibt gerade in diesem Bereich noch genügend zu tun. Hier ist jeder Angler gefordert. Fischarten wie Huchen, Äsche, Bachforelle, Nase und Barbe sowie weitere Fischarten werden durch die Gewässerbewirtschafter eingesetzt um in oft jahrlangen Bemühungen wieder heimisch zu werden. Viele dieser Fischarten überleben jedoch nur durch ständigen Nachbesatz, da geeignete Laichplätze fehlen oder der Laich und die Jungfische durch sogenannten »Schwellbetrieb« an den Kraftwerken absterben (unter Schwellbetrieb versteht man das gezielte Verändern des Pegels eines Fließgewässers durch Öffnen oder Schließen eines Stauwehres, abhängig von der Strommenge die gerade benötigt und erzeugt wird). Die Jungfische können dem sich senkenden Wasserstand nicht schnell genug folgen und verenden in dem trocken gelegenen Flussbett oder werden leichte Beute von Möwen und anderen Wasservögeln.
Leider drohen den Fischen aber auch noch weitere Gefahren. So werden auch in noch intakten Gewässern ganze Populationen ausgerottet. Die Rede ist von *Kormoran* und *Gänsesäger*. Beide sind ausgesprochene Fischfresser und haben sich durch unverständliche, zum Teil weit übertriebene Schutzmaßnahmen zu einer richtigen Plage entwickelt. Ein Kormoran benötigt pro Tag etwa 500 g Fisch. Wer das zweifelhafte »Glück« hat, eine raubende Kormoranhorde zu beobachten, kann leicht erahnen, welchen Schaden diese

Die Fischbrut hat bei Schwellbetrieb kaum eine Überlebenschance.

Vögel unter den Fischbeständen anrichten. Aber auch der Gänsesäger ist nicht zu unterschätzen. Wo er vorkommt sorgt er nicht selten für das Verschwinden ganzer Äschenbestände und anderer Fischarten. Gegen die Gefährdung der Fischbestände durch zu starkes Aufkommen der Kormorane wurde in den vergangenen Jahren einiges zum Wohle der Fischbestände unternommen. Der Gänsesäger jedoch ist ganzjährig geschützt und kann so weiter unbehelligt unter den Fischbeständen wüten. Es ist unbedingt notwendig, dass auch gegen die überhandnehmenden Gänsesägerbestände etwas unternommen wird, um ein Fortbestehen unserer heimischen Fischfauna zu ermöglichen. Der Aufwand durch die Fischerei zum Erhalt bzw. der Wiederansiedelung heimischer Fischarten ist immens. Elektrofischen, Schaffen von Laichmöglichkeiten, mehrmaliger Besatz mit geeigneten Jungfischen und weitere Elektroabfischungen zur Bestands- bzw. zur Erfolgskontrolle, verbunden mit großem Zeitaufwand und finanziellen Leistungen sollen nicht umsonst sein. Jeder verantwortungsvolle Natur- und Gewässerschützer wird glücklich sein, wenn nach langen Bemühungen wieder gesunde, sich selbsterhaltende Fischbestände geschaffen werden. Teueres Vogelfutter wollen wir jedenfalls ganz sicher nicht produzieren. Die Angelfischerei ist angehalten, gemeinsam mit den Endscheidungsträgern im gesetzgebenden Bereich, sich für den Erhalt, die Wiederansiedlung und eine naturverträgliche Reduzierung fischfressender Wasservögel einzusetzen und alles in ihrer Kraft stehende zu tun, um das Erlebnis »Fischwaid« auch den Generationen nach uns zu ermöglichen.

Für uns Fischer ist dabei besonders wichtig zu erkennen, dass die Hege und Pflege der Fischbestände der Gewässer und der Natur um die Gewässer eine unserer wichtigsten Aufgaben darstellt. Jeder ist gefordert. Fischen bedeutet nun mal nicht nur die alleinige Ausübung der Angelfischerei, sondern beinhaltet nicht zuletzt die Hege und Pflege zum Wohle unseres edlen Schuppenwildes.

Neben dem Verbessern der Lebensräume unserer heimischen Fischarten und dem Schutz vor fischfressenden Vogelarten ist die ordnungsgemäße *Bewirtschaftung der Fischgewässer* eine weitere sehr wichtige Aufgabe der Fischerei. Ein Gewässer das vor Jahrzehnten noch einen guten Bestand an Äschen, Huchen und Bachforellen aufwies, sich aber durch den Bau von Staustufen und Kraftwerken vom Wildfluss in einen von Stauseen durchzogenen Kanal verwandelt hat, muss anders bewirtschaftet werden als noch zu »Wildwasserzeiten«. Viele Veränderungen sind zu berücksichtigen. Der Besatz mit Bachforelle und Äsche ist an solchen Gewässern oft nicht mehr sinnvoll. Regenbogenforellen können hier möglicherweise die erste Wahl sein. Auch der Huchen findet oft keinen geeigneten Lebensraum mehr und die Bestände können sich nicht mehr selbst erhalten. Fischarten wie Barbe und Nase müs-

Elektrofischen ist eine gute Möglichkeit zur Bestandsaufnahme, besonders an kleinen und mittleren Fließgewässern.

sen Karpfen und Schleie weichen. Die Gewässerbewirtschafter sind angehalten, ihr Gewässer mit den geeignetsten Fischarten zu besetzen. Statistiken über Besatz und Wiederfang, über die Wasserstandsänderungen während des Jahres aber auch über vorhandene Fischnährtiere und Ähnliche sind zu führen. Gerade diese sogenannten »Fangstatistiken« sind eine große Hilfe für Vereine und private Gewässerbewirtschafter, sich einen Überblick über die Eignung eines Gewässers für die einzelnen Fischarten zu verschaffen.
Der Lieblingsfisch der Angler ist nicht immer der geeignete Besatzfisch eines Gewässers. Selbstverständlich muss der Fischbesatz auch auf die Produktivität der einzelnen Gewässer abgestimmt werden. Als Beispiel nenne ich hier einen kleinen Fluss mit acht Meter mittlerer Breite. Die zu bewirtschaftende Fischwasserstrecke ist etwa 2,5 Kilometer lang. Ein Besatz mit 300 kg Bachforellen jährlich ist an einem solchen Gewässer die oberste Grenze (dabei darf allerdings nicht vergessen werden, dass die Fische nicht nur in fangfähiger Größe besetzt werden). Mehr Besatz würde zu Nahrungsmangel und zum Abwandern der Fische bzw. einer erheblichen Störung des natürlichen Gleichgewichtes im betreffenden Gewässer führen. Der Befischungsdruck und der Besatz müssen auf die Produktivität eines Gewässers abgestimmt werden. Jedes Gewässer verträgt nur eine bestimmte fischereiliche Nutzung.
Der Petri-Jünger muss verstehen, dass eine naturverträgliche Nutzung der Fischgewässer nur einen ausgewogenen Befischungsdruck und eine bestimmte Menge an Besatzfischen verträgt. Hierzu gehören letztendlich auch vernünftige Regelungen der Befischung und der Entnahme von Fischen. Besonders bei unseren Nachbarn aus Österreich hat sich in den vergangenen Jahren das so genannte »catch and release« eingebürgert. Dies bedeutet, dass die Fische nach dem Fang unmittelbar wieder zurückgesetzt werden. Eine Entnahme von Fischen ist an vielen dieser Gewässer grundsätzlich verboten. Diese Art der »Hege« ist bei einigen Fischern, besonders aber bei eingefleischten Fliegenfischern, durchaus angesehen und beliebt. In Deutschland ist jedoch alleine schon durch die Gesetzgebung dieses »catch and release« ausgeschlossen. Maßige Fische, die außerhalb der Schonzeit gefangen werden, sind gemäß der Gesetzgebung dem Gewässer zu entnehmen. Ausgenommen sind nur Fischarten, welche zufällig gefangen werden (dies bedeutet: es wurde nicht gezielt auf diese Fischart gefischt) und deren Bestände stark gefährdet sind. Es ist aber sicherlich keine Schande, ausschließlich Fische zum Verzehr zu fangen. Ich jedenfalls liebe Fisch als Lebensmittel und verwerte meine Fänge gerne.

Fachbegriffe

Anhieb, Anschlag

Hochschnellen der Angelrute durch den Fischer, um den Haken beim Anbiss in das Fischmaul zu treiben

Bissanzeiger

Vorrichtung, die dem Angler Anbisse anzeigt, ohne dass die Angelrute ständig in der Hand gehalten werden muss (optische und akustische Anzeige eines Anbisses)

Bebleiung

Ist die Beschwerung des Köders mit Bleigewichten, um den Köder bei den unterschiedlichen Angelarten auf die richtige Tief zu bringen

Blinker

Aus Metall hergestellter Spinnköder, der taumelnd durch das Wasser laufend Raubfische zum Anbiss reizt

Drilling

Mit drei Spitzen versehener Angelhaken

Fischtöter

Gerät (vorne beschwert) zum Betäuben oder Töten gefangener Fische

Futterkorb

Durchlöcherter Behälter, aus dem Lockfutter entweichen soll; wird oberhalb des Wirbels an der Angelschnur befestigt

Gaff

Großer, spitzer Haken zur Landung großer Fische

Grundangel

Angelart, bei der Köder und Blei am Grund aufliegen

Hakenlöser
Wird zum schonenden Lösen des Angelhakens aus dem Fischmaul verwendet

Hegene
Angelmontage mit mehreren Seitenarmen, an denen kleine Nymphenimitate befestigt werden. Hervorragende Angelmontage auf Renken und Saiblinge in Seen

Huchenzopf
Traditioneller Angelköder (Imitation kleiner Neunaugen) zum Fang von Huchen, meist aus Kunststoff, Leder oder ähnlichen Materialien

Kescher
Ein über einen Bügel gezogenes Netz zur Landung der Fische, oft mit einem Teleskopstiel ausgestattet

Nymphe
Larve im Wasser lebender Insekten

Paternosterangel
Mit mehreren Seitenarmen ausgestattetes Vorfach, oft mit Bebleiung am Ende

Pose, Schwimmer
Schwimmender Bissanzeiger aus Kunststoff oder Holz; hält den Köder in der gewünschten Wassertiefe

Stationärrolle
Angelrolle mit feststehender Spule und Schnurfangbügel

Stahlvorfach
Spezielles, aus einer oder mehrer Stahladern geformtes Vorfach für die Fischerei auf Hecht

Schnurfangbügel
Vorrichtung an der Stationärrolle zum Freigeben und Aufrollen der Schnur

Schleppfischen

Angelmethode, bei der ein Angelköder, meist ein Spinn- Köder, hinter einem Boot hergezogen wird

Downriggerschleppen

Spezielle Art des Schleppfischens

Spinner

Um sich selbst rotierender Spinnköder

Spinnfischen

Fischen mit einem künstlichen oder natürlichen Köder, bei dem der Köder nach dem Auswerfen sofort wieder eingeholt wird (speziell für Raubfische u. Salmoniden)

Spinnsystem

Spezielle Hakenflucht zum Raubfischfang

Tiroler Hölzel

Kunststoff- oder Holzröhrchen, am Ende mit Bleigewicht versehen zum Grundfischen oder zur Äschenfischerei mit Nymphe

Twister

Spinnköder aus Weichplastik mit Bleikopf und großem Einzelhaken wird meist »gezupft« geführt

Vorfach

Unterstes Teil der Angelschnur, in der Regel dünner als die Hauptschnur und mit dieser durch einen Wirbel mit Karabinerhaken verbunden

Wirbel

Metalvorrichtung, meist mit Karabiner zum Einhängen der Angelschnur; wird benötigt um Schnurverdrehungen zu verhindern

Wobbler

Spinnköder aus Holz oder Plastik, der wobbelnd durchs Wasser gezogen wird

Wurfgewicht

Ideales Gewicht der Montage um die Wurfeigenschaft der Angelrute auszunutzen

Fangzeitübersicht Salmoniden

	Jan.	Feb.	März	April	Mai	Juni	Juli	Aug.	Sep.	Okt.	Nov.	Dez.
Bachforelle	SL	SL	XX	XX	XX	XX	XX	X	XX	SL	SL	SL
Regenbogenforelle	SL	SL	SL	SL/XX	XX	XX	XX	X	XX	X	X	X
Äsche	SL	SL	SL	SL	XX	X	X	X	XX	XX	XX	XX
Huchen	X	X/SL	SL	SL	SL	XX	–	–	–	XX	XX	XX
Seeforelle	SL	SL	XX	X	X	–	–	–	XX	SL	SL	SL
Meerforelle	X	X	XX	XX	X/N	N	N	SL	SL	SL	XX	XX
Seesaibling	SL	SL	XX	XX	XX	X	X	X	XX	SL	SL	SL
Bachsaibling	SL	SL	XX	XX	XX	XX	XX	X	XX	SL	SL	SL
Renke	–	–	–	–	XX	XX	X	–	X	SL	SL	SL

Erklärungen: XX sehr gut X gut – eher schlecht SL Schonzeit/Laichzeit

N gute bis sehr gute Fänge bei Nacht möglich

Fangzeitübersicht Raubfische

	Jan.	Feb.	März	April	Mai	Juni	Juli	Aug.	Sep.	Okt.	Nov.	Dez.
Aal	K	K	–	–	XX	XX	XX	XX	XX	X	K	K
Aalrutte	XX	XX	XX	–	–	–	–	–	–	–	X	XX
Hecht	X	X/SL	SL	SL	XX	X	X	X	XX	XX	X	X
Zander	X	–	SL	SL	X	XX	XX	X	XX	XX	X	X
Barsch	X	X	X	X	XX	XX	XX	XX	XX	XX	X	X
Waller	K	K	K	–	X	XX	XX	XX	X	–	K	K

Erklärungen: XX sehr gut X gut – eher schlecht SL Schonzeit/Laichzeit K keine bis kaum Fangaussichten

Fangzeitübersicht Friedfische

	Jan.	Feb.	März	April	Mai	Juni	Juli	Aug.	Sep.	Okt.	Nov.	Dez.
Karpfen	K	K	–	X	XX	XX	X	XX	X	–	K	K
Schleie	K	K	–	–	XX	XX	XX	XX	X	–	K	K
Brachse	–	–	–	X	XX	XX	XX	XX	X	–	–	–
Barbe	K	K	X	XX	SL	SL/X	XX	XX	X	–	–	K
Aitel	–	–	X	XX	XX	XX	XX	XX	XX	X	–	–
Rotauge	–	K	X	X	XX	XX	XX	XX	XX	X	–	–
Rotfeder	–	K	X	X	XX	XX	XX	XX	XX	X	–	–
Nase	–	–	SL	SL	XX	XX	XX	X	X	X	–	–

Erklärungen: XX sehr gut X gut – eher schlecht SL Schonzeit/Laichzeit K keine bis kaum Fangaussichten

Übersicht der gängigsten Angelköder

	Huchen	Seeforelle	Meer-forelle	Regenb.-forelle	Bach-forelle	See-saibling	Bach-saibling
Köderfisch	XX	XX	X	X	X	X	X
Blinker	XX	XX	XX	X	X	X	X
Spinner	X	X	–	XX	XX	X	XX
Wobbler	XX	XX	X	XX	XX	X	XX
Tauwurm	–	–	–	XX	XX	X	XX
Mistwurm	–	–	–	XX	XX	X	XX
Made	–	–	–	X*)	X	X	X
Mais	–	–	–	XX	X	–	X
Hegene	–	–	–	–	–	XX	–
Fliege	X	X	XX	XX	XX	X	XX
Frolic	–	–	–	–	–	–	–
Teig	–	–	–	XX	X	–	X
Zopf	XX	X	–	–	–	–	–
Gummifisch	XX	X	X	XX	XX	X	XX
Twister	XX	X	X	XX	XX	X	XX

*) Bienenmade

Übersicht der gängigsten Angelköder

	Äsche	Renke	Hecht	Zander	Waller	Aal	Aal-rutte	Barsch	Karpfen	Schleie	Barbe
Köderfisch	–	–	XX	XX	XX	XX	XX	XX	–	–	–
Blinker	–	–	XX	XX	XX	–	–	X	–	–	–
Spinner	–	–	XX	X	X	–	–	X	–	–	–
Wobbler	–	–	XX	X	X	–	–	X	–	–	–
Tauwurm	–	–	–	–	XX	XX	XX	XX	XX	XX	XX
Mistwurm	X	–	–	–	–	X	X	XX	X	X	XX
Made	X	–	–	–	–	–	–	X	X	X	
Mais	XX	–	–	–	–	–	–	–	XX	XX	X
Hegene	XX	XX	–	–	–	–	–	X	–	–	–
Fliege	XX	X	X	X	–	–	–	–	–	–	–
Frolic	–	–	–	–	–	–	–	–	XX	X	X
Teig	–	–	–	–	–	–	–	–	XX	XX	XX
Zopf	–	–	XX	XX	X	–	–	XX	–	–	–
Gummifisch	–	–	XX	XX	X	–	–	XX	–	–	–
Twister	–	–	XX	XX	X			XX	–	–	–

Übersicht der gängigsten Angelköder

	Brachse	Aitel	Nase	Rotauge	Rotfeder
Köderfisch	–	X	–	–	–
Blinker	–	–	–	–	–
Spinner	–	X	–	–	–
Wobbler	–	X	–	–	–
Tauwurm	XX	XX	–	XX	XX
Mistwurm	XX	XX	–	XX	XX
Made	XX	XX	XX	XX	XX
Mais	X	X	–	XX	XX
Hegene	–	–	–	–	–
Fliege	–	XX	XX	–	X
Frolic	X	X	–	–	–
Teig	XX	XX	XX	XX	XX
Zopf	–	–	–	–	–
Gummifisch	–	X	–	–	–
Twister	–	X	–	–	–

Erklärungen: XX sehr gut X gut – nicht geeignet

Halbfett gesetzte Seitenzahlen verweisen auf Abbildungen.

Know-how für die Angelpraxis

Hans Eiber
Angeln – so geht's
Kompaktkurs für Einsteiger: Ausrüstung, Steckbriefe der 30 beliebtesten Angelfischarten im Süß- und Salzwasser; Angelmethoden für Bach, Fluss, See und Küste mit vielen Tipps aus der Praxis.
ISBN 3-405-16648-9

Peter Owen
Angelknoten-Fibel für unterwegs
An jedem Gewässer immer dabei – die Knoten-Fibel im handlichen Westentaschenformat mit präzisen Bindeanleitungen in Schritt-für-Schritt-Zeichnungen: die 24 wichtigsten Verbindungen von Schnur zu Schnur oder von Schnur zu Haken.
ISBN 3-405-15662-9

BLV Angelpraxis
Hans Eiber
Die besten Angelköder
Kompakt, praxisgerecht, umfassend beschrieben: die wichtigsten Natur- und Kunstköder – ihre Beschaffung, Zubereitung und der gezielte Einsatz für die in Europa relevanten Angelfischarten.
ISBN 3-405-16991-7

BLV Angelpraxis
Hans Eiber
Die erfolgreichsten Anglertricks
Über 150 Tricks und Tipps für Angelsituationen an Bach, Fluss und See; kompaktes Praxiswissen mit vielen Abbildungen.
ISBN 3-405-16327-7

Hans Eiber
Angelwissen auf einen Blick
Handlich und übersichtlich – ideal auch für unterwegs: Kompaktwissen zu allen wichtigen Themenbereichen rund ums Angeln.
ISBN 3-405-16178-9

BLV Angelpraxis
Frerk Petersen
Spinnfischen
Die leicht verständliche Einführung in die Welt von Blinkern, Spinnern und Wobblern: Zielfische, Gerätschaften, aussichtsreichste Köder, Angeltaktiken in den unterschiedlichsten Gewässertypen mit der Spinnrute.
ISBN 3-405-16773-6

Im BLV Buchverlag finden Sie Bücher zu den Themen: Garten und Zimmerpflanzen • Natur • Heimtiere • Jagd und Angeln • Pferde und Reiten • Sport und Fitness • Wandern und Alpinismus • Essen und Trinken

blv

Ausführliche Informationen erhalten Sie bei:
BLV Buchverlag GmbH & Co. KG
Postfach 40 02 20 • 80702 München
Telefon 089/12705-0 • Fax -543 • www.blv.de